Stella Leder

MEINE MUTTER, DER MANN IM GARTEN UND DIE RECHTEN

Stella Leder

MEINE MUTTER, DER MANN IM GARTEN UND DIE RECHTEN

Eine deutsch-jüdische Familiengeschichte

Ullstein

Wir verpflichten uns zu Nachhaltigkeit
- Klimaneutrales Produkt
- Papiere aus nachhaltiger Waldwirtschaft und anderen kontrollierten Quellen
- ullstein.de/nachhaltigkeit

MIX
Papier
FSC FSC® C014496

ISBN 978-3-550-20075-5

Lektorat: Palma Müller-Scherf
Gesetzt aus der Minion Pro
Satz: Pinkuin Satz und Datentechnik, Berlin
Druck und Bindearbeiten: GGP Media GmbH, Pößneck
Printed in Germany

In Erinnerung an Klaus Konrad-Leder

Zu dem Haus, in dem wir für einige Jahre in Bremen lebten, gehörte ein großer Garten, in den eine Terrasse führte. Direkt hinter der Schaukel am Ende des Gartens begann ein verwilderter Teil des Grundstücks mit hohen, alten Bäumen, der so dicht bewachsen war, dass man vom Haus aus nicht in ihn hineinblicken konnte. Ich spielte nicht in diesem Teil des Gartens, aber wenn ich im Haus war, hatte ich ein genaues Bild von dem Mann im olivgrünen Mantel, der hinter den Bäumen stand und uns beobachtete, nur sein Gesicht konnte ich nicht erkennen. Immer wenn ich mich umdrehte, verschwand der Mann hinter den Bäumen, sodass ich ihn nicht sehen konnte. Manchmal versuchte ich, ihn auszutricksen, indem ich hoch in den ersten Stock schlich, einen Stuhl an das Fenster in der Dachschräge schob und von dort hinunter in den Garten blickte, sodass er mich erst in dem Moment sehen konnte, in dem ich am Fenster auftauchte. Aber auch dann war er schneller als ich.

Als wir wegzogen, folgte der Mann mir in meine Träume. Dass er von der SA war, lernte ich in der fünften Klasse durch einen Blick in mein Geschichtsbuch.

INHALT

1

Eine Geschichte von Antisemitismus und Verrat

Als Kind hatte ich Angst, meine Mutter könnte sich das Leben nehmen, und so nahm ich mir vor, immer zu lächeln, um sie am Leben zu halten. Ich wollte ihr Freude bereiten. »Mein Sonnenschein«, sagte sie manchmal zu mir, für mich ein Wort wie eine Eins auf dem Zeugnis.

Ich erinnere mich nicht, wann ich vom Überleben meines Großvaters und meiner Tante erfahren habe, es ist, als habe ich schon immer von ihrer Verfolgung gewusst. Der Nationalsozialismus war der konkurrenzlose Mittelpunkt des Denkens meiner Mutter. Viele Kinder von Überlebenden bleiben ganz den Erfahrungen ihrer Eltern verbunden, widmen ihr Leben dem Versuch, zu verstehen, was passiert ist, sammeln Bücher und Geschichten, forschen. Damit treten sie – im Gegensatz zur dritten Generation, der ich angehöre – selten in die Öffentlichkeit, und wenn doch, dann meist nur, um über das Leiden anderer zu berichten und sich für sie einzusetzen. Darüber zu sprechen, was das Trauma der Shoah für sie selbst bedeutet, scheint ihnen nicht zuzustehen. Sie haben die Aufgabe, die Geschichte ihrer Eltern und Familien zu bewahren. Eine Generation von Archivar:innen, von denen viele zwischen ihren traumatisierten Eltern und ihren lauten Kindern geradezu unsichtbar bleiben.

In meiner Kindheit bildeten der Nationalsozialismus und seine Folgen einen integralen Bestandteil des Nachdenkens über die Gegenwart. Auch meine Mutter ist eine Archivarin der zweiten Generation. So viel sie mich über das Leiden anderer unterrichtete, so hartnäckig schwieg sie über sich selbst. Ich befragte sie nicht zu ihrer Einsamkeit, versuchte aber, auf Hinweise meiner Todesahnungen achtzugeben und zu verstehen, woher sie kamen – ergebnislos. Bald erfuhr ich, dass meine Mutter schon als Kind Selbstmordgedanken hatte. Als Jugendliche hatte sie Schlaftabletten genommen, wie mir meine Großmutter Gudrun erzählte. »*Meine* Schlaftabletten«, sagte die Großmutter verächtlich. »Dabei wusste Bettina, dass ich sie brauche, um einschlafen zu können. Und zum Sterben hat sie zu wenige genommen.« Immer machte meine Großmutter meiner Mutter ihre Verwurzelung in der Trauer zum Vorwurf. Sie teilte sie nicht. Und sie verachtete meine Mutter für ihre Melancholie.

Meine Großeltern – Gudrun und Stephan Hermlin – hatten sich Anfang der 50er-Jahre auf einer Lesereise meines Großvaters durch die noch junge DDR kennengelernt. Mein Großvater stand zu diesem Zeitpunkt am Beginn seiner Karriere als Schriftsteller, er war 1945 aus dem Exil nach Deutschland zurückgekehrt und wollte am Wiederaufbau eines neuen, »besseren« Deutschland mitwirken. Dass sich meine Großeltern ineinander verliebten, hatte vielleicht auch mit den gegenseitigen zeitlichen, gesellschaftlichen Projektionen zu tun: Gudrun war noch jung und hatte bis zur Gründung der DDR ein Bild Adolf Hitlers in der Brusttasche getragen. Nun war sie Feuer und Flamme für den neuen, sozialistischen Staat und den kommunistischen, jüdischen Mann aus dem Exil, der gerade dabei war, eine Figur des öffentlichen Lebens zu werden. Mein Großvater hingegen mag in ihr vielen seiner Hoffnungen begegnet sein, die er in die sozialistische Gesellschaft setzte, in die sich das Schlachthaus Deutschland verwandeln sollte.

In ihrem gemeinsamen Haushalt lebte auch Andrée, die 1938 im französischen Exil geborene jüdische Schwester meiner Mutter aus der ersten Ehe meines Großvaters. Gudrun konnte das Mädchen, das nur sechs Jahre jünger war als sie selbst, seine Mutter früh verloren und über Jahre Kinderarbeit hatte verrichten müssen, nicht akzeptieren.

In diese Konstellation wurde meine Mutter Bettina hineingeboren. Was genau zwischen diesen Menschen meiner Familie passiert ist, kann ich nicht auflösen. Andrée und Stephan blieben durch ihre Erfahrungen in einer Weise verbunden, die niemand teilen konnte. Meine Mutter, die – gefragt nach den Erinnerungen an ihren Vater – stets mit Erzählungen darüber antwortet, wie traurig und still er gewesen sei, wie versunken und weit entfernt, trug als Kind die Sehnsucht in sich, ihren Vater trösten zu können. Und das Wissen, dass dies nicht möglich sein würde. Gudrun hingegen wollte frohen Mutes in die Zukunft des sozialistischen Staates marschieren, nicht trauern. Und da hören meine Erklärungen auch schon auf.

In meiner Kindheit nannten wir Gudrun »Großemama«, nicht Oma. Das lag daran, sagte sie, dass mein Bruder sie früher für seine Mutter gehalten hatte. Vor der Ausbürgerung meiner Mutter und meines Bruders aus der DDR sei er so oft bei ihr gewesen, dass er angefangen habe, sie

»Mama« zu nennen. Gudrun bestand darauf, die Einzige gewesen zu sein, auf die er sich habe verlassen können. Bettina habe immer nur an sich gedacht – bis es zu spät gewesen sei und sie die DDR verlassen mussten. Meine Mutter habe sich wegen ihres Vaters immer für etwas Besseres gehalten und nicht verstanden, dass für sie dieselben Regeln galten wie für alle anderen Menschen. Deshalb habe sie es verpasst, für den Kleinen da zu sein. Mein Bruder, meinte Gudrun, habe darauf bestanden, sie »Mama« zu nennen, eines Tages habe er zu ihr gesagt: »Du bist meine Mama, ich will, dass du meine Mama bist!« Um Bettina nicht zu verletzen, habe Gudrun meinem Bruder daraufhin vorgeschlagen, sie »Großemama« zu nennen. Sie hoffte, dass unsere Leben nun in geordneten Bahnen verliefen, sagte sie mir, denn wer solle denn auf mich aufpassen, wenn meine Mutter mal wieder eine ihrer Phasen habe, in denen sie nicht an ihre Kinder denke. Es schauderte mich, wenn ich diese Geschichten hörte.

Manchmal ging sie zu weit. »Deine Mama«, erzählte sie, »hat vor ihrer Ausbürgerung deinen Bruder einmal ganz und gar vergessen, tagelang war er allein in der Wohnung und wäre fast verhungert. Fast hätte sie ihn sterben lassen. Da war er nicht einmal zwei Jahre alt.« Sie, die zufällig in die Wohnung gekommen sei, habe ihn gefunden und gerettet. »Du weißt ja, wie deine Mama ist«, ergänzte Gudrun mitleidig, »sie steckte mal wieder Hals über Kopf in irgendeinem Drama. Da hat sie ihn eben vergessen, so ist sie.«

Ich kann nicht mit Gewissheit sagen, woher mein Misstrauen gegenüber meiner Großmutter stammte, warum ich spürte, dass sie log, während alle anderen ihr zu vertrauen schienen. Es wäre möglich gewesen, ihren Geschichten Glauben zu schenken. Meine Mutter war ein verträumter

Mensch, in ihrem Kokon aus Einsamkeit manchmal weit weg von uns. Sie schien vieles nicht mitzubekommen und auf ihrer Version der Realität zu beharren. Aber ich fühlte mich von ihr geliebt und wusste auch, dass sie meinen Bruder liebte. So versponnen meine Mutter manchmal auch wirkte – ich war sicher, sie könnte alles vergessen, aber niemals uns Kinder. So waren es gerade die schlimmsten Geschichten über meine Mutter, mit denen meine Großmutter mich auf ihre Seite ziehen wollte – wie jene über den eben noch verhinderten Hungertod meines Bruders –, die einen Keil zwischen uns trieben.

Einmal träumte ich, ich sähe mich von oben nachts im Bett liegen, unruhig und mit einem schrecklichen Albtraum ringend. Ich wachte auf, und meine Großmutter saß an meinem Bett mit ihren stets frisch gefärbten roten Haaren. Es war taghell. Aber sie war gar nicht meine Großmutter. Sie war riesig, ihr Kopf stieß fast an die Decke, ihre übereinandergeschlagenen, seitlich angewinkelten Beine reichten bis zu der dem Bett gegenüberliegenden Zimmertür. Die rechte Hälfte ihres riesigen, über mich gebeugten Gesichts zuckte, sie hatte mich im Schlaf beobachtet, sah mich an und sagte leise lächelnd: »Du Mamakind.«

Ich versuchte, bei den Begegnungen mit meiner Großmutter an der Inszenierung eines normalen Verhältnisses mitzuwirken, ich spürte, dass dies von mir erwartet wurde. Manchmal empfand ich unsere Kommunikation als so aufgesetzt, dass ich mir vorstellte, sie würde im nächsten Moment ausrufen: »Also, jetzt mal im Ernst, Schluss mit dem Theater, wir müssen ja nicht so tun, als ob!« Dann würde sie mir die Wahrheit sagen und mich aus ihrer Wohnung jagen, nicht ohne einen ihrer Hassausbrüche, die sich normalerweise gegen meine Mutter richteten.

Als ich ein Kind war, zogen wir oft um, von Berlin nach Bremen, von Bremen nach Hessen, innerhalb Berlins, innerhalb Bremens, innerhalb Hessens, unfähig, irgendwo anzukommen, auf der Suche nach einem guten Leben. Aber es half nichts, die bedrohliche Trauer lauerte an jeder Ecke, in jeder Wohnung, in jeder Stadt – bis meine Mutter eines Tages, als ich 13 Jahre alt war, in die Gauck-Behörde fuhr, um ihre Stasi-Akten einzusehen. Sie brachte Kopien von mit Schreibmaschine getippten Texten mit, außerdem ein Foto von mir an der Friedrichstraße, an das ich seitdem immer denke, wenn ich mich an unsere Besuche im Osten erinnere. »Schau mal, wie süß du da bist«, sagte sie und zeigte es mir.

IM Gudrun heißt meine Großmutter Gudrun in den Akten. Als Bettina in der Gauck-Behörde eintraf, nahm eine Mitarbeiterin sie in Empfang. Sie müsse ihr etwas sagen, bevor sie anfange zu lesen.

»Ich weiß, was Sie sagen wollen«, erwiderte Bettina, als sie das Zimmer betrat, in das die Frau sie gelotst hatte. »Ich weiß, dass es meine Mutter war, ich habe es immer gewusst. Wäre ich ins Gefängnis gegangen, wenn ich in der DDR geblieben wäre?«

Die Frau antwortete, das sei schwer zu sagen – »wahrscheinlich«, sagte sie und »vielleicht«. Ich weiß das, weil meine Mutter diese Worte in den nächsten Jahren oft in Gesprächen wiederholte. *Wahrscheinlich. Vielleicht.*

Die Akteneinsicht war der Beginn eines Prozesses, während dessen sie den Kampf um ihr Leben gewann und in dessen Verlauf zunächst sie, kurze Zeit später auch ich den Kontakt zu meiner Großmutter aufgab. Seither habe ich keine Angst mehr um meine Mutter, denn dieser Prozess hat ihr die Möglichkeit eröffnet, der versuchten Zerstörung einen Platz in der Vergangenheit zu geben. Nur die Traurigkeit bleibt. Heute glaube ich, dass der Wunsch meiner Mutter, zu sterben, eigentlich von ihrer Mutter kam – dass sie den Hass ihrer Mutter schon sehr früh im Leben spürte und er sich in ihr als Selbstmordgedanke artikulierte. Die Geschichte mit den Schlaftabletten spielt ungefähr zu der Zeit, aus der die ersten Einträge in den Akten meiner Mutter stammen.

»Wie bitte willst du diese Geschichten in einem Buch erzählen?«, war Bettinas erste Frage, als ich ihr von meinem Projekt erzählte und erklärte, dass ich die Idee dazu seit den rechtsextremen Ausschreitungen in Chemnitz 2018 in mir trug, die mich an meine Jugend in den 90er-Jahren erinnert hatten. Mein Großvater wurde in Chemnitz geboren, seine Familie war aus Osteuropa dorthin eingewandert. Wie viele Jüd:innen hatten sie angenommen, in Deutschland sicherer zu sein als zu Hause in Rumänien.

Lange Zeit dachte auch ich, dass ich sozusagen zwei Geschichten habe – die Verfolgungsgeschichte der jüdischen Familienmitglieder auf der einen, die Stasi-Geschichte auf der anderen Seite. Heute sehe ich Verbindungen zwischen beiden. Mir ist bewusst, dass manche sie für übertrieben oder unwahrscheinlich halten werden.

Anfang der 60er-Jahre trennten sich Gudrun und Stephan. Bettina pendelte fortan zwischen den neu entstehenden Elternhäusern – eins russisch-jüdisch, eins deutschdeutsch: Stephan heiratete Irina, eine Germanistin aus Moskau, Gudrun heiratete Harry, der die Parteien von KPD zu NSDAP zu SED gewechselt hatte und ein angesehener Schauspieler war. Und ein Gewalttäter mit einer grenzenlosen Verachtung für alle, die kulturell und politisch nicht auf Linie waren. Harry blickte argwöhnisch auf Bettina – immerhin war sie ja Stephans Tochter. Sie schien ihrem Vater so ähnlich zu sein. Harry unterstellte Stephan, kein »richtiger« Sozialist zu sein, sondern Sympathien für den Westen zu haben, so, wie dies Jüd:innen in der DDR oft unterstellt wurde – so, wie Jüd:innen zu allen Zeiten und in allen Gesellschaften unterstellt wurde, nicht richtig dazuzugehören, anders zu sein, geheime Bündnisse einzugehen. Eine realsozialistische Interpretation eines alten, antisemitischen Albtraums, in dem meine Mutter fortan aufwuchs. Harry wurde Bettinas erster IM.

Meine Großmutter stieg erst später in Bettinas Überwachung mit ein, rätselte aber stets gemeinsam mit Harry über die Frage von Stephans Einfluss und darüber, ob Bettina sich zu einer Person entwickelte, die den Staat DDR gefährdete. 1977 wurden meine Mutter und mein Bruder aus der DDR ausgebürgert; ich wurde – als einziges Kind meiner Familie – wenige Jahre später in Westberlin geboren.

Das Bild von mir in den Akten an der Friedrichstraße. Der Fotograf muss für das schräg von unten aufgenommene Foto in einen Gully gestiegen sein. Ich habe keine Erinnerungen an ihn. Wenn mein Bruder und ich die Grenze überschritten, blieb meine Mutter dahinter stehen. Irgendwann erzählte sie mir, dass sie in der DDR unerwünscht sei. Das war alles, was ich wusste.

Wenn ich heute an den Grenzübertritt an der Friedrichstraße denke, montiert meine Erinnerung zwei Bilder ineinander: Ich sehe mich aus der Perspektive des Stasi-Mitarbeiters, der damals heimlich das Foto von mir aufnahm, am Tag meiner Einschulung in Bremen mit meiner Schultüte im Arm an der Friedrichstraße stehen. Meine

Erinnerung: Das eine Bild ist eine Schwarz-Weiß-Aufnahme aus den Stasi-Akten meiner Mutter, die ich frühestens 1995 zum ersten Mal gesehen haben kann. Das andere Bild ist ein farbiges Foto, auf dem ich das gelbe Samtkleid mit den Kirschen auf der Brust trage, mit meiner kunterbunt gestreiften Schultüte im Arm – ich blinzle, etwas von der Sonne geblendet, froh in die Kamera. Ich habe dieses Bild voller Stolz in ein Fotoalbum einsortiert, das meine Mutter einzig für die Fotos meiner Einschulung gekauft hatte. Zwischen den beiden Fotos – das erste heimlich aufgenommen in Berlin, das zweite als Teil eines gesellschaftlichen Rituals in Bremen – liegen ein oder zwei Jahre und ein paar Hundert Kilometer. In meinem Kopf sind sie heute eins. Ich habe eben nur eine, nicht zwei Kindheiten gehabt.

Die Einsicht in die Stasi-Akten hat mir geholfen, das Bild meiner Kindheit zu vervollständigen. Als ich sie zum ersten Mal las, hatte ich das Gefühl, mein ganzes Leben betrogen und belogen worden zu sein. Schließlich hatte ich nur die eine Seite der Realität gekannt, die andere Seite war mir verheimlicht worden. Aber es ging nicht um mich. Meine Geschichte war nur der Kollateralschaden, der durch die meiner Mutter geltenden Angriffe meiner Großmutter entstanden war.

Ungefähr in der Zeit, in der ich mit der Lektüre der Akten beschäftigt war, fuhren Gudrun und Andrée gemeinsam nach Frankreich, wo Andrée als kleines Kind überlebt und ihre Mutter verloren hatte. Sprache und Landschaften werden sie mit dieser Zeit konfrontiert haben. Gudrun war genervt darüber, wie sehr Andrée in ihrer Trauer versank. Meine Großmutter teilte mir mit, sie könne verstehen, dass Andrée es schwer gehabt habe, man müsse aber auch sehen, dass vergangen sei, was vergangen sei. Sie fand Andrée »schwierig«.

Andrée hat sich nach der Reise bei Gudrun dafür entschuldigt, dass sie sie ertragen musste. Die Trauer in meiner Familie scheint bei meiner Großmutter vor allem Kälte ausgelöst zu haben, Ungeduld, Härte. Sie war wohl enttäuscht, dass die Überlebenden die Vergangenheit nicht überwinden konnten. Dass meine Mutter ihre Trauer geerbt hatte, hielt sie für unnötig.

Als ich die Akten las, dachte ich, meine Großmutter hätte alles erlogen. Ich hatte mein Leben lang ihre Missgunst, ihren Hass und ihren Neid auf meine Mutter gespürt. Plötzlich verstand ich, dass all die Geschichten, die ich als Kind über meine Mutter gehört hatte, nicht nur seltsam, sondern oft tatsächlich Lügen gewesen waren. Ich war überzeugt, dass auch ihre Geschichten darüber, wie sehr sie unter der Ausbürgerung ihrer Tochter gelitten hatte, erfunden waren, ebenso wie ihr Enthusiasmus über die Wiedervereinigung – ja, dass überhaupt alles erlogen war.

Heute glaube ich, dass es komplizierter gewesen ist. Gudruns Aufregung und Freude über die Proteste 1989 waren nicht gelogen. Ihre Erinnerung hatte sich einfach verändert; an die Stelle des alten, linientreuen Narrativs war nach und nach eine neue Erzählung in ihr Denken getreten, die besser in die neue Zeit passte. So, wie sie pünktlich zur Gründung der DDR das Hitler-Bild aus der Brusttasche genommen und entschieden hatte, fortan Sozialistin zu sein, so, wie sie damals plötzlich verstanden hatte, dass sie – wie viele andere – dem Führerkult auf den Leim gegangen und ihre jugendliche Naivität ausgenutzt worden war, genauso hatte sie nach der Ausbürgerung ihrer Tochter plötzlich endgültig verstanden, dass in diesem Staat keine Chancen auf Demokratie bestanden. Das war und blieb ihre Erinnerung.

Auch die Kopien aus den Akten, die meine Mutter ihr zusandte, konnten nichts mehr daran ändern. Mitte der 90er-Jahre begann meine Mutter, Gudrun Briefe zu schreiben, in denen sie sie fragte, warum sie getan hatte, was sie getan hatte. Meine Großmutter entgegnete, sie könne sich an nichts erinnern; sie sei sicher, dass es sich um ein Missverständnis handle. Weil meine Großmutter sich an nichts erinnerte, hielt sie die Benennung der Tatsache, dass sie sich an der Überwachung meiner Mutter beteiligt hatte, für einen grundlosen Angriff. Überzeugt von ihrer Unschuld, begann sie bald, ihn gegen uns zu richten. Wir – meine Mutter und ich – seien überheblich, wir wollten an unserer Wahrheit festhalten und die Komplexität der Verhältnisse nicht sehen. Kurz darauf brach der Kontakt zwischen uns ab.

»Wusstest du wirklich immer, dass deine Mutter beteiligt war?«, fragte ich Bettina in den Jahren nach der Akteneinsicht. »Du hast doch gesagt, dass du es erst nach dem Mauerfall wusstest?«

»Ich wusste es so, wie man etwas weiß und gleichzeitig nicht weiß«, antwortete sie. Es ist schwer, den eigenen Wahrnehmungen und Erinnerungen zu vertrauen, wenn sie von niemandem geteilt werden. Und die Erinnerungen meiner Mutter wurden eigentlich nie von irgendjemandem geteilt. In der DDR nicht und auch nicht in der BRD.

Meine Großmutter hatte weniger Anlass, an ihrer Erinnerungs- und Wahrnehmungsfähigkeit zu zweifeln, als meine Mutter. Gudruns Erzählungen passten wie von Zauberhand stets in die Gesellschaft, in der sie lebte. Als die Mauer fiel, erzählte sie, wie sehr sie unter der Ausbürgerung ihrer Tochter gelitten habe. Sie ließ aus, dass sie und ihr zweiter Ehemann indirekt an dieser Ausbürgerung mitgewirkt hatten. Enthusiastisch lief sie mit ihrem sich verändernden Gedächtnis ab Oktober 1989 bei den Protesten mit. Stolz berichtete sie, Gegendemonstrant:innen ein Plakat weggerissen und sie als »Stalinisten« beschimpft zu haben. So schuf sie für sich die Erinnerung, auf der richtigen Seite gestanden zu haben.

Heute blicken manche Bürgerrechtler:innen entgeistert auf ihre ehemaligen Mitstreiter:innen, die inzwischen öffentlich demokratiefeindliche Positionen beziehen. Wie ist es möglich, fragen sie, dass ausgerechnet die AfD sich auf diese Zeit bezieht und zu Wahlen mit dem Slogan »Vollende die Wende« antritt? Ich denke dann an Gudrun.

Im Mittelpunkt vieler gesellschaftlicher Kämpfe, die wir zurzeit erleben, steht die Frage nach der Erinnerung – man denke nur an die Proteste gegen die Maßnahmen zur Eindämmung der Corona-Pandemie, auf denen Demonstrant:innen mit Reichskriegsflaggen gegen die »Merkel-Diktatur« auftraten. Was vergangen ist, ist eben nicht vergangen, auch wenn meine Großmutter das gerne so gehabt hätte. Im letzten Gespräch, das ich mit ihr führte, verwies ich sie noch einmal darauf, dass ich die Akten gelesen hatte und wir über sie sprechen könnten. Sie wollte nicht. »Aber ich habe doch nichts gewusst!«, rief sie aus. Ein Satz, der so manchen aus der eigenen Familie bekannt sein wird.

Als meine Großmutter 2019 starb, hinterließ sie ein Testament, in dem sie uns enterbte, und einen Brief, in dem sie erklärte, dass sie auf den Kontakt zu mir gut und gerne habe verzichten können, da ich genau wie meine Mutter sei.

2

Die Deutschen werden ein Volk, meine Großmutter wird Demokratin und meine Mutter sitzt auf gepackten Koffern vor der *Tagesschau*

Bis zur Einsicht in die Stasi-Akten blieb ich ein Kind auf der Suche nach einem Geheimnis und meine Welt ein in Einzelteile zerfallener Ort. Nach einem unausgesprochenen Gesetz wurden manche Teile der Realität in meinem Elternhaus, in dem sich alles um Sprache und Literatur drehte, nicht ausgesprochen. Nie hätte ich meine Mutter gefragt, ob sie tatsächlich beinahe meinen Bruder hatte verhungern lassen; nie hätte ich gegenüber Bremer Freund:innen erwähnt, dass meine ostdeutsche Mutter nicht gejubelt hatte, als die Mauer fiel. Den zu Hause erlernten Eindruck, dass überall Nazis lauerten, teilte ich später zwar mit Freundinnen, verschwieg ihn jedoch gegenüber den meisten anderen Menschen im Wissen, dass sie meine Wahrnehmung für überzogen halten würden.

1988 zogen wir aus unserer Berliner Altbauwohnung, in deren verdrecktem Hinterhof Schilder mit *Ball spielen verboten* und *Eltern haften für ihre Kinder* gestanden hatten, in das große Bremer Haus des Freundes meiner Mutter. Nach unserem Umzug verbrachte ich die Nachmittage mit meiner neuen Nachbarin Nina. Im Garten ihrer Eltern sammelten wir Äste und steckten sie als Zäune in die Erde, um unseren Bereich des Gartens vom Bereich von Markus, Ninas kleinem Bruder, abzutrennen. Er zog die Äste aus dem Boden, in seinen Händen wurden sie zu Schwertern. Markus griff uns an und versuchte, unser Reich zu erobern, wir flohen auf die Bäume. An manchen Tagen radelten wir nach dem Essen zum Reitstall.

Bremen war ein Paradies. Ninas Mutter war Hausfrau, sie räumte hinter uns her, fragte nach den Hausaufgaben, klebte Pflaster auf unsere Knie und schien alles, was wir erzählten, interessant zu finden. Wenn Nina und ich im Herbst durchgefroren vom Reiten nach Hause kamen, brachte Ninas Mutter uns Decken vor den Fernseher. Jeden Abend war sie betrunken.

In meiner Klasse gehörte ich zu den wenigen Kindern, deren Mütter arbeiteten, die anderen Mütter hatten Ehemänner oder keine Arbeitserlaubnis. Wenn ich abends nach Hause kam, saß Bettina in ihrem Zimmer und arbeitete. Oft konnte ich sie zur Begrüßung nicht umarmen, sondern blieb auf der Türschwelle stehen, da der Boden übersät war mit Büchern, vollgeschriebenen Blättern, Papierhaufen und Ausschnitten, auf die man nicht treten und die man vor allem nicht durcheinanderbringen durfte. Abends saß sie meistens nicht mehr am Schreibtisch, sondern auf dem Boden zwischen diesem Wust an Papieren, in der Hand eine Schere, zwischen den Zähnen einen Stift, neben sich Tipp-Ex, Lineale und anderes Werkzeug, mit dem sie vorsichtig Korrekturen vornahm oder die am Tag beschriebenen Blätter auseinanderschnitt, um einzelne Absätze und Sätze zu streichen oder in eine andere Reihenfolge zu bringen. In nicht wenigen Fällen hatte sie so, in den absonderlichsten Positionen auf dem Boden zwischen Papierbergen hockend, angefangen zu lesen; so traf ich sie dann an, tief versunken in ein Buch, nicht selten noch immer mit dem Stift zwischen den Zähnen oder dem Tipp-Ex in der Hand.

Wenn die Erwachsenen politische Diskussionen führten, verstand ich manchmal einen Teil, weil meine Mutter Geschichten von Figuren aus Romanen und Dramen erzählte, um ihre Ansichten zu verdeutlichen. Entsprechend verlief auch unser erstes Gespräch über den Mauerfall zu Hause. Die Papierschnipsel auf dem Boden waren Teil ihrer Dissertation über die Rolle des Königs im modernen Drama. *Der König stirbt* heißt sie, benannt nach dem gleichnamigen Text des Dramatikers Eugène Ionesco.

»Worum geht es da?«, fragte ich eines Abends. Mit Königen kannte ich mich aus.

»Der König stirbt«, sagte meine Mutter, »aber er will es nicht wahrhaben. Und nicht nur der König stirbt, sein Königreich stirbt sozusagen mit ihm, und das will er auch nicht wahrhaben. Er tut so, als sei alles wie immer.«

»Warum macht er das?«

»Tja«, sagte meine Mutter, »das fragt man sich.«

»Ist es traurig, dass er stirbt?«

»So etwas ist immer auch traurig«, sagte meine Mutter, »vor allem aber ist es absurd.«

Ich sehe mich auf der Türschwelle zu ihrem Zimmer stehen, sie sitzt am Schreibtisch, zwischen uns auf dem Boden liegen noch die zerschnittenen Texte und Geschichten in der Anordnung des Tages.

»Was heißt das mit der Mauer?«, fragte ich.

Sie sah mich lange und ernst an, dann antwortete sie:

»Ich weiß es nicht. Ich weiß nicht, was die Deutschen damit machen.«

Die Realität ähnelte ein bisschen den auseinandergeschnittenen Papieren, bloß besaß ich im Gegensatz zu meiner Mutter nicht die Fähigkeit, die einzelnen Abschnitte zusammenzufügen. Die Gespräche über den Mauerfall klangen zu Hause ganz anders als jene, die ich in meiner Umgebung aufschnappte. Ninas Mutter erklärte, wie schön nun alles für die Bürger:innen der DDR sei: Kinobesuche zum Beispiel oder durch die Innenstadt bummeln. Meine Mutter wurde ganz rot von der Anstrengung, nicht zu lachen. »Du meinst, weil in der DDR niemand ins Kino gehen kann?«, fragte sie spöttisch.

Alle vergaßen ständig, dass Bettina aus der DDR kam. Wenn es den Erwachsenen doch einfiel, sagten sie anerkennende Dinge wie, Bettina sehe noch nicht einmal aus, als käme sie aus dem Osten (damit war ihr Kleidungsstil gemeint). Die Literatur, die es aus Sicht der Bremer in der DDR nicht zu lesen gab, kannte sie besser als die Westdeutschen, die die Ostdeutschen bemitleideten, weil sie sie nicht hatten lesen können. Während meine Lehrer:innen und die Eltern meiner Freundinnen sich einig zu sein schienen, wie schön das mit der Mauer sei, knallte Bettina abends nach den Nachrichten regelmäßig mit den Türen und führte wütende Selbstgespräche.

Meine Erinnerungen an diese Jahre gehen ineinander über – Mölln, Mauerfall, Hoyerswerda liegen ungeordnet und in falscher Chronologie nebeneinander. Ich war zu jung, um die Ereignisse dieser Jahre zu verstehen. Aber ich erinnere sie als Zeit der Angst, nicht als Zeit der Freude.

»Man sitzt auf gepackten Koffern in diesem Land«, erklärte Bettina eines Abends kopfschüttelnd der *Tagesschau*-Sprecherin. Ich glaube, das war nach dem Pogrom im sächsischen Hoyerswerda 1991. Familien picknickten vor der Geflüchtetenunterkunft und sahen zu, wie Molotowcocktails flogen. Nach den Angriffen wurden die Geflüchteten in anderen Regionen untergebracht. Nazis nannten Hoyerswerda von nun an die erste »ausländerfreie« Zone Deutschlands, in Anlehnung an das nationalsozialistische Wort »judenfrei«. Das Pogrom wurde zum Vorbild der rechten Szene; es entstanden Netzwerke, die später bis in den NSU reichten.[1]

Es gab unzählige Übergriffe und Anschläge von Nazis, nur wenige von ihnen gehören heute zum kollektiven Gedächtnis.[2] Allein am Wochenende nach Hoyerswerda fanden über achtzig Übergriffe auf Geflüchtetenunterkünfte statt.[3] Hoyerswerda sei das erste Pogrom der deutschen Nachkriegsgeschichte, so stand es damals in den Zeitungen. Recherchen des Historikers Harry Waibel zufolge zählte es jedoch zu einer Serie von Pogromen in der sächsischen Kleinstadt, die bereits in der DDR begonnen hatte.[4]

Meine Mutter telefonierte nach den Nachrichten oft mit ihrem Vater. Ihre Stimmung veränderte sich, wenn sie mit ihm sprach, ich glaubte, sie teilten ein Geheimnis miteinander. Die Hoffnungen, die die antifaschistische Selbstsicht der DDR bei den (in vielen Fällen jüdischen) kommunistischen Remigrant:innen anfangs ausgelöst hatte, gehörten längst der Vergangenheit an. Aber wie alle zerstörten politischen Hoffnungen hatten sie eine tiefe, spürbare Resignation hinterlassen.

Ich habe keine Erinnerung an Freude über die Wiedervereinigung in meinem Elternhaus, aber das bedeutet nicht, dass meine Mutter sich ein weiteres Bestehen der DDR gewünscht hätte. Sie sympathisierte mit den Vertreter:innen des sogenannten »Dritten Wegs«, also der demokratischen Erneuerung der DDR. Für Bettina hatte – wie für viele andere – der endgültige Bruch mit der DDR durch die Ausbürgerung Wolf Biermanns im Jahr 1976 stattgefunden. Biermanns jüdischer Vater war in Auschwitz ermordet worden. Als hätten sich mein Großvater und meine Mutter miteinander abgestimmt, werden beide in ihren Stasi-Akten immer wieder mit demselben Satz über Biermanns Ausbürgerung zitiert: »Der antifaschistische Staat DDR handelt mit einer Nazi-Methode gegen das Kind eines ermordeten Juden.« Im Nationalsozialismus hatten viele Oppositionelle und Jüd:innen nach dem 1933 erlassenen »Gesetz über den Widerruf von Einbürgerungen und die Aberkennung der deutschen Staatsbürgerschaft« ihre Staatsangehörigkeit verloren.

Bettina unterschrieb die von ihrem Vater mitverfasste Petition gegen Biermanns Ausbürgerung, sammelte Unterschriften, übergab Texte an westdeutsche Medien. Er fand es taktisch falsch, die vielen Unterschriften zu sammeln, und hatte bewusst darauf gesetzt, den Text nur mit etwa einem halben Dutzend weiterer Schriftsteller:innen zu unterzeichnen. Die Ereignisse überschlugen sich. Immer mehr Freund:innen und Bekannte wurden ausgebürgert, in den folgenden Jahren mehrere Dutzend, unter ihnen viele kritische Künstler:innen. Fremde Menschen klingelten an Bettinas Tür, fragten nach Unterstützung oder übergaben Informationen, die sie an westdeutsche Journalist:innen weiterreichte. Sie war schließlich die Tochter von Hermlin, eine Freundin von Havemann und Biermann, sie konnte doch etwas tun, dachten die Leute, und Bettina tat, was sie tun konnte. Die Staatssicherheit observierte sie von nun an offen, ihre Mitarbeiter saßen vor ihrer Tür und kontrollierten Ausweise ihrer Besucher:innen, setzten sich neben, vor und hinter sie in den Hörsaal.

Im Herbst 1977 stellte meine Mutter für sich und meinen Bruder einen Ausreiseantrag, im Dezember wurden sie gemeinsam ausgebürgert. Fünf Jahre später war ich auf der Welt, und kurz bevor die Mauer fiel, verließen wir Berlin – deren Wegfall änderte also nicht viel an der Distanz zur Familie. Ein paar von Bettinas Sachen, mit denen sie aus der DDR ausgereist war, hatten die »Durchsicht« durch den Zoll überstanden; vom »guten Geschirr« aßen wir später nie, es war so viel davon zerstört worden, dass mit den Resten kein Tisch mehr gedeckt werden konnte, wenn Gäste kamen. Bettina behielt dennoch, was übrig geblieben war, und kaufte nie ein anderes »gutes Geschirr«.

Als die Mauer fiel, lebte meine Mutter bereits zwölf Jahre in der BRD, aber der Alltag fand noch immer im Vergleich zum Alltag in der DDR statt. An der westdeutschen Universität hatte man viele ihrer Studienleistungen aus der DDR nicht anerkannt, also musste sie noch einmal von vorne angefangen. Als Kind eines als OdF (Opfer des Faschismus) anerkannten Vaters hatte sie in der DDR ein zusätzliches Stipendium bekommen, im Westen hingegen musste sie neben dem Studium arbeiten; in der DDR hatte sich eine Tagesmutter um meinen Bruder gekümmert, der Kindergarten im Westen war nur für wenige Stunden geöffnet. Alles verkomplizierte und verzögerte sich. Als sie sich einmal Kommiliton:innen gegenüber darüber beschwerte, erwiderten die, sie solle zurück in den Osten gehen, wenn es ihr im Westen nicht passe.

Vieles blieb meiner Mutter fremd. Helmut Kohl wurde 1987 ein drittes Mal Kanzler. Kurz zuvor hatte er behauptet, in der DDR existierten Konzentrationslager. Der westdeutsche Geschichtsrevisionismus dichtete den Bürger:innen der DDR kollektiv eine Opferrolle an, vor der meine Mutter sich stärker ekelte als vor den Spinnen in der Waschküche. Manchmal wurde sie suggestiv gefragt, was ihre Ausbürgerung mit der Erfahrung ihres Vaters und ihrer Schwester zu tun habe. »Nichts«, antwortete sie dann knapp. Sie ahnte hinter solchen Fragen den Versuch der Gleichsetzung ihrer Erfahrungen. Lieber sprach sie gar nicht über sich, als solchen Versuchen Material zu liefern.

So kam es, dass meine Mutter mit der Zeit verstummte. Die Erzählungen ehemaliger Freund:innen in der Öffentlichkeit, die sich mit den Jahren immer weniger daran erinnern konnten, in der SED gewesen zu sein, und politisch immer konservativer wurden, vollendeten diesen Prozess. Hatte Bettina manchmal noch über ihre Erfahrungen gesprochen, als ich ein Kind war, so sagte sie in den Gesprächen, die ich als Jugendliche mithörte, nur noch, sie sei aus der DDR in die BRD »umgezogen«. Dabei beließ sie es.

Erst Jahre nach dem Mauerfall erfuhr ich, dass sie Anfang 1990 eines Abends auf dem samtbezogenen Sofa im Wohnzimmer von Ninas Eltern gesessen hatte, als sich mit einem Mal eine Art Vorhang vor ihrem inneren Auge geöffnet habe: Plötzlich habe sie sich gefragt, ob … nein: Plötzlich sei sie sich sicher gewesen, dass ihre Mutter ihr IM gewesen sei. In ihrer Erinnerung fand dieser Abend kurz nach dem 18. März 1990 statt. Die konservative Allianz für Deutschland gewann die erste und letzte freie Wahl der DDR mit rund 48 Prozent der Stimmen bei einer Wahlbeteiligung von 93 Prozent. Die DDR war abgewählt, und meine Mutter saß fassungslos vor den Nachrichten, die alle Hoffnungen auf einen demokratischen Sozialismus beendeten. Wer weiß, ob das Gedächtnis meiner Mutter sich besser an Chronologien hält als meines. Jedenfalls begann sie, ihre – und damit unsere – Geschichte ungefähr in dem Moment neu zu denken, in dem ihr Herkunftsland aufhörte zu existieren. Der veränderte gesellschaftliche Rahmen ließ offenbar neue Erinnerungen zu.

Vielleicht hat dieser veränderte Rahmen aber auch die Chronologie der Ereignisse im Nachhinein verändert. Das geschah ja auch kollektiv: Im Nachhinein wird der rechte Terror der 90er-Jahre mit der durch die Wiedervereinigung verursachten Arbeitslosigkeit und Perspektivlosigkeit im Osten erklärt. Die Angriffe von Nazis begannen aber, *bevor* irgendjemand arbeitslos wurde. Bis zum Ende der DDR hatte die Staatssicherheit dafür gesorgt, dass Nazis unsichtbar blieben – 1989/90 tauchten sie deshalb wie aus dem Nichts auf. Nazis hatten nicht ins Selbstbild des sozialistischen Staates gepasst, ihre Existenz war stets unter den Teppich gekehrt worden. Zeitungen hatten in der DDR nur in Ausnahmefällen berichtet, wenn irgendwo ein jüdischer Friedhof geschändet worden war. Rechtsextremismus wurde als »Rowdytum« verharmlost.

Westdeutsche Nazis begriffen den politischen Umbruch nach dem 9. November 1989 sofort als Chance. Die NPD warb auf den Montagsdemonstrationen mit Flyern für sich, im Januar 1990 beschlossen westdeutsche Kader den »Arbeitsplan Ost«, der einen strukturierten Aufbau neonazistischer Gruppen im Osten und Angriffe auf Migrant:innen vorsah.[5] Der organisierte westdeutsche Rechtsextremismus traf in den ostdeutschen Bundesländern auf viele Menschen, die bereit waren, mitzumachen. Weil in der DDR

Umtriebe von Nazis vertuscht worden waren, die Rechten sich seit dem Mauerfall aber selbstbewusst in der Öffentlichkeit präsentierten und westdeutsche Nazis regelmäßig im Osten auftraten, denken viele Menschen im Osten bis heute, die Nazis seien erst nach der Wende aus dem Westen in den Osten gekommen.

Nach den Nachrichten fragte ich meine Mutter manchmal nach den Nazis. In ihrer Angewohnheit, mit Literatur auf Politik zu antworten, las sie mir Ida Vos' Kinderroman *Wer nicht weg ist, wird gesehen* vor. Ida Vos hat als Kind den Nationalsozialismus im Versteck überlebt, getrennt von ihren Eltern. Der autobiografische Roman erzählt von ihren Erfahrungen und durch sie vom Nationalsozialismus. »Ich finde es richtig, Menschen, die in Freiheit leben dürfen, etwas von der Angst fühlen zu lassen, die verfolgte Kinder aushalten müssen«, schreibt die Autorin in der Einleitung des Buchs. Auch in den brennenden Häusern der 90er-Jahre waren Kinder. Auch in der Gegenwart gab es Kinder, die vor Nazis Angst hatten.

Nach der Wiedervereinigung entstand in Windeseile ein neues Kollektiv mit neuen Erinnerungen: Aus den ehemaligen Bürger:innen der DDR wurden »Ostdeutsche«, deren Erinnerungen von Freiheitskämpfen, friedlichen Demonstrationen, Arbeitslosigkeit und verlorenen Hoffnungen handelten. Der Westen überfiel die Ostdeutschen, zerstörte ihre Träume und Arbeitsplätze, erklärte ihre Kultur für ungültig und verwandelte die einst friedlichen Bürger:innen der DDR über Nacht in pöbelnde Jugendliche, die auszogen, um Türken zu jagen. Hätte die Ignoranz gegenüber Nazis nicht so grauenhafte Konsequenzen, könnte man fast darüber lachen, welche Gründe man damals für ihre Existenz fand: Arbeitslosigkeit, Identitätssuche, fehlende

Bildung, fehlende Orientierung, fehlgeleitete Männlichkeit, Aggressionen und ein jugendliches Alter waren wohl die meistgenannten Gründe. Auch heute scheinen diese Gründe manchmal präsenter als die Frage nach politischer Ideologie oder kulturellen Tradierungen aus dem Nationalsozialismus.

»Unter der Decke des Sozialismus ist der Nationalsozialismus konserviert worden, nicht unähnlich zu der Art, wie das in manchen Regionen und Milieus Westdeutschlands geschehen ist«, sagte meine Mutter unaufgeregt zu Hause, wenn sie mit Freund:innen sprach. Manchmal fügte sie hinzu: »Es stimmt alles, was über die DDR und die Staatssicherheit gesagt wird, aber es ist auch gleichzeitig verdreht.« Man dürfe nicht vergessen, wie unterschiedlich die Gründe und Beteiligungsgrade waren. »In meiner Generation sind doch Kinder von Remigranten noch zur Stasi gegangen, weil sie was gegen Nazis machen wollten«, flüsterte sie, »weil sie Angst hatten, dass sie wieder an Macht gewinnen würden. Alles andere war zweitrangig … Und haben sie damit etwa unrecht gehabt? Ich konnte diese Perspektive immer nachvollziehen, auch wenn sie nicht meine war.«

Lange hatten wir auf dem Teppich in Ninas Zimmer nebeneinander auf dem Bauch gelegen und Comics gelesen, Nina *Tim und Struppi*, ich Mickymaushefte. Wir hatten keinen Mucks gemacht. Ihr Vater wusste vielleicht nicht, dass wir hier waren, und dachte, wir seien noch im Garten.

Wir hörten Ninas Bruder Markus im Flur quengeln. »Lass das nach«, sagte der Vater zu ihm. Nina und ich schauten uns an, nahmen die Comics wieder hoch und lasen weiter, aber jetzt wurden sie lauter, sie stritten. Ninas

Bruder fing an zu weinen. »Nein, nein, Papi, nein«, rief Markus, er flehte: »Bitte nicht, mein Papi, bitte nicht!«

Wir standen auf und schlichen zur Tür, sahen in den Flur. Der riesige Vater kniete mit dem Rücken zu uns auf dem Boden im Flur, er trug Jeans und ein kariertes Hemd und hielt den Kopf gebeugt. Markus lag auf seinem Schoß, seine Hose bis zu den Knöcheln heruntergezogen. Ich hatte das Klatschen vorher nicht gehört, ich weiß nicht, warum ich es vorher nicht gehört hatte.

Der Vater hielt Markus mit dem linken Arm fest, der rechte Arm holte aus, er hob ihn hoch über seinen Kopf, dann schlug er mit Kraft nach unten auf das Kind ein. Der Vater war ein freundlicher, stiller Mensch, meistens arbeitete er, ich kannte ihn nicht gut. Er ging joggen und machte viel Sport, sein Körper war riesig, schlank, seine Hemden trug er eng. Im Moment des Schlags brüllte Markus auf, er schrie »Nein!«, jedes Mal, »Nein!«, laut und verzweifelt, seine Stimme verdrehte sich in ein Gurgeln, als ersticke er an ihrem Klang. Der Arm hob sich hoch in die Luft wie ein Tier, bereit zum Angriff, immer und immer wieder, regelmäßig, rhythmisch, unbeirrbar – vielleicht eher eine Maschine als ein Tier.

»Bitte nicht, Papi, mein Papi!« Der Vater schlug und schlug und schlug immer weiter, Markus brüllte und weinte und wimmerte, er verschluckte sich, krächzte. In dem schönen Haus mit dem großen Garten und dem stets gefüllten Süßigkeitenschrank ging die Welt unter. »Mein Papi, bitte!« Der Rücken des Vaters, der Arm, der sich hob – ganz sicher kein Tier, sondern eine Maschine, die von irgendetwas in Gang gesetzt worden war und nicht aufgehalten werden konnte. Feuerrote Haut zwischen kariertem Kragen und Haaransatz.

Die Maschine keuchte. Die Füße des Kindes, die sich immer wieder gegen den Holzboden stemmten, Markus versuchte aufzustehen, aber dieses kleine, sechsjährige Kind hatte keine Chance gegen den Giganten, den es so liebte und der es festhielt und keine Gnade kannte.

Nina nahm mich am Arm und zog mich zur knarzenden Treppe, wir flohen. Was würde der Vater tun, wenn er uns sah, wenn er sich umdrehte, weil er uns hörte? Die erste Treppenstufe betrat ich vorsichtig, aber es war sinnlos zu versuchen, leise zu sein, das war unmöglich auf einer so alten Holztreppe, also rannten wir. Doch der Vater drehte sich gar nicht um, ich hörte das Klatschen, Schreien, Winseln, nein, Papi, bitte nicht, und ich wusste, der Vater würde uns niemals hören, egal, wie laut wir waren, der Rausch, in dem er sich befand, war zu tief. Vielleicht würde er nie wieder aufhören mit den Hieben. Durch den Flur, die Haustür, ins Freie – selbst im Vorgarten konnte man die Schreie noch hören, wenn gerade kein Auto vorbeifuhr.

Nina und ich sahen uns an. »Es ist schlimm, aber er hat es ja auch wirklich verdient, muss man auch mal sagen«, sagte sie. Die Sonne schien. Wir waren neun Jahre alt.

Gewalt war ein Ausrutscher, so lernten wir das. Ihr wurde keine Bedeutung zugemessen. »Man muss Perspektiven schaffen und die Jugendlichen aus der Arbeitslosigkeit holen, dann werden sie auch keine Nazis«, sagte Ninas Mutter abends beim Wein. In der Schule sprachen wir nicht über die Anschläge und Pogrome. Nicht im Moment ihres Geschehens, nicht im Nachhinein. Im wohlhabenden Bremer Norden, wo wir lebten, gab es keine Arbeitslosigkeit, keine Armut, und wenn Eltern ihre Kinder anbrüllten, achteten sie auf geschlossene Türen.

Inmitten der rätselhaften Erwachsenenwelt, in der keine Geschichte zur anderen passte, existierten Nachmittage wie Universen der Freiheit. Nina konnte gut reiten, selbst auf die größten Tiere stieg sie mit furchtloser Begeisterung. Sie ließ keine Gelegenheit aus, um zu galoppieren, auszureiten oder den Sattel im Stall zurückzulassen; sie war die Erste, die sich beim Longieren aufs Pferd stellte – es gab nichts, was sie nicht ausprobieren wollte.

Ich mochte die Nähe zu den Tieren, die Angst vorm Reiten wich jedoch nur selten von mir. Manchmal gelang es mir, mich dabei in eine Geschichte oder einen Film hineinzuträumen, dann verschwand der seitliche Blick in die Tiefe und auch die Stimme der Lehrerin, die uns über den Platz zurief: »Ihr sitzt auf Pferden, nicht auf Toiletten!«

Nina war mein komplettes Gegenteil: Sie war stark, schnell, ohne Zweifel und Sorgen, auch in der Schule. Sie gewann jedes Wettrennen und jede Prügelei, kletterte – selbstverständlich ohne erwischt zu werden – routiniert bis in die Krone des einzigen Baums auf dem Schulhof und spuckte von dort auf die Jungs, die sich nicht trauten, es ihr nachzutun. Alle wollten mit ihr befreundet sein.

In dem Haus, in dem wir eine Zeit lang gelebt hatten, waren wir nur dank des Wohlwollens des Lebensgefährten meiner Mutter zu Gast gewesen; er hatte uns oft daran erinnert, dass er unseren Aufenthalt unter seinem Dach jederzeit beenden konnte, und dies eines Tages dann auch getan. Monatelang wohnten wir danach bei Freund:innen, bis meine Mutter eine billige Wohnung gefunden hatte, wir lebten von Sozialhilfe. Ninas Freundschaft gab mir das Gefühl von Schutz, Unangreifbarkeit und der Teilhabe am geordneten Bremer Leben. Ich setzte alles daran, ihre Freundin zu bleiben und ihr möglichst ähnlich zu werden.

Auf keinen Fall wollte ich zu den anderen gehören, zu den Armen. Diese Frage – ob wir zu den Armen gehörten oder zu den Anerkannten – schien mir nicht eindeutig beantwortet zu sein; ich versuchte, alles zu geben, um zu den deutschen, wohlhabenden Kindern zu gehören.

Eines Tages tauchten polnisch sprechende Kinder in unserer Klasse auf, mit denen niemand sprach. Ihnen fühlte ich mich nicht weniger nah oder fremd als den deutschen Kindern, deren Familien Segelboote besaßen. Der Inhalt ihrer Brotdosen erinnerte mich an das Essen, das ich bei Ostberliner Freund:innen gesehen hatte, von denen viele aus Ländern der Sowjetunion kamen. Diese neuen Kinder in meiner Klasse waren – im Gegensatz zu uns – wirklich arm. Anders als ich saßen sie an Wochenenden auch nicht auf den Segelbooten befreundeter Familien; im Gegensatz zu mir wurden sie nicht dazu eingeladen.

Da saßen sie nun im Unterricht und starrten stumm auf ihre Hände, die sie auf dem Tisch vor sich neben ihren Schreibutensilien ablegten – nutzlos gewordene Gegenstände, wenn man nicht versteht, was der Lehrer sagt, oder genauer: wenn der Lehrer einem nichts sagt. Denn der Lehrer sagte diesen Kindern nichts, er fühlte sich nicht zuständig, sie gehörten nicht dazu, obwohl sie in seiner Klasse saßen. Es war, als sei der Lehrer beleidigt, weil diese Kinder kein Deutsch sprachen. Er versuchte nicht einmal, den Anschein zu erwecken, als sei er auch ihr Lehrer; er tat einfach so, als seien sie nicht da.

Die ausländischen Kinder aus den ärmeren osteuropäischen Nachbarländern wollte niemand dabeihaben in dieser Zeit des gesamtdeutschen Glücks. In der Pause verschwanden sie an den Rand des Schulhofs, sie machten sich unsichtbar und wurden unsichtbar gemacht, wer auch immer diesen furchtbaren Teufelskreis begonnen hatte. Mir war klar, dass die Verantwortung dafür beim Lehrer lag. Niemand sah den Kindern hinterher, wenn sie sich verbargen, beim Klassenfrühstück waren sie die Einzigen, die nichts mitbrachten, da ihnen niemand erklärt hatte, dass alle etwas mitbringen sollten. Sie saßen an der langen Tafel, die wir aus den Schultischen zusammengeschoben hatten, vor ihren leeren Tellern. Ich fühlte, wo sie waren, wenn sie stumm an mir vorbeiglitten; sie senkten den Blick, wenn ich sie ansah, und ich versuchte, sie nicht anzusehen.

Nachts krochen Monster aus den Schatten der Schränke an der gegenüberliegenden Wand. Manchmal sah ich im Halbschlaf noch, wie sie begannen, sich zu bewegen, die Wände entlanghuschten. Sie krochen durch mein Ohr und marschierten in meinen Schädel, verwandelten sich dort in unendliche Reihen von Soldaten, immer zwei nebeneinander, die Stiefel fast bis zu den Knien, Reichsadler auf der Brust, das Gewehr in der Hand.

Tagsüber spielten Nina und ich Verkleiden, und wenn ich nicht nach Hause wollte, brachte mich Ninas Mutter verkleidet zurück. Dann klingelte sie und sagte, sie habe mich leider verloren, während ich mit einem Bettlaken, einem Tischtuch oder einem Papierkorb über dem Kopf neben ihr stand, bis meine Mutter fragte: »Aber Inge, warum hast du denn deinen Papierkorb mitgebracht?« Dieses Ritual fanden wir Kinder so lustig, dass wir lange darauf bestanden, bis die Erwachsenen eines Tages die Geduld verloren und es beendeten, weil wir aus ihrer Sicht zu alt für dieses Spiel geworden waren.

Manchmal dachte ich darüber nach, ob Verkleidungen ein Weg sein könnten, sich vor Nazis zu verstecken. Meistens hatte ich solche Gedanken erst nachts, aber manchmal überfielen sie mich auch tagsüber. Der Mann im Garten war uns in die Straße gefolgt, in der unsere neue Wohnung lag, und wich weder Wind noch Wetter.

Eines Morgens wurde ein Romni-Mädchen aus Rumänien von unserer Mathelehrerin nach Hause geschickt. Yasemin hieß sie, sie trug einen pinken Pullover zu einer roten Hose. »Die Farben beißen sich«, bellte die Mathelehrerin, »ich kann dich gar nicht ansehen, geh nach Hause, zieh dir was anderes an, hier in Deutschland zieht man sich so nicht an.«

Sie zerrte das regungslos vor sich hinstarrende Mädchen von seinem Platz vor die Klasse. Das Kind wartete, den Blick angsterfüllt auf die Kauderwelsch sprechende Lehrerin gerichtet.

»Na los, geh schon!«, rief die Lehrerin.

Das Mädchen blieb stehen. Einige Schüler:innen begannen, zu winken und auf die Tür zu deuten, am Schluss beteiligte sich fast die ganze Klasse daran. Das Mädchen blickte auf die anderen Kinder und verstand nun. Es verließ den Klassenraum. So etwas passierte den polnischen Kindern nicht, die stumm dasaßen und zu den wenigen gehörten, die nicht gewinkt hatten. Wahrscheinlich verstanden sie nicht, was passierte, aber ich stelle mir vor, dass sie Angst gehabt haben müssen. Als sich die Tür wieder hinter dem Mädchen schloss, sagte meine Mathelehrerin: »Geht da am besten nicht so nah dran, diese Leute haben oft Läuse, weil die sich nicht waschen.«

Yasemin war das einzige Mädchen aus der Klasse, das Nina nicht zu ihrem Geburtstag einlud, zu dem alle eingeladen werden wollten. Niemand mochte Yasemin. »Sie klaut«, hatte Nina gesagt, und wenn Nina so etwas sagte, dann stimmte es. Yasemin wurde nie erwischt, aber die Tatsache, dass regelmäßig Sachen aus dem Klassenraum und aus unseren Schulranzen verschwanden – Anspitzer, Kaugummis, ein ganzer Turnbeutel –, war Beweis genug. »Willst du mal zu mir nach Hause kommen?«, fragte Yasemin mich nach dem Unterricht mit Händen und Füßen. »Vielleicht«, antwortete ich. Und tat es nie.

»In Deutschland macht man das nicht«, sagte meine Lehrerin den eingewanderten Kindern, wenn sie etwas taten, was man nicht tun sollte. Die Mathelehrerin war auch unsere Musiklehrerin. Eines Tages teilte sie den Text der deutschen Nationalhymne aus. Ich sang nicht mit, ließ das Blatt mit dem Text demonstrativ mit der Rückseite nach oben vor mir auf dem Tisch liegen. Die Lehrerin schimpfte, doch ich weigerte mich, das Blatt umzudrehen, sie schimpfte weiter, am Ende warf sie mich aus der Klasse.

Als ich abends nach Hause kam, erzählte ich meiner Mutter, auf der Türschwelle zu ihrem Arbeitszimmer stehend (das in der neuen Wohnung auch das Wohnzimmer und Schlafzimmer war), was passiert war. Ich erwartete ein wenig Anerkennung, aber meine Mutter schien mich aus unerfindlichen Gründen nicht für eine Heldin zu halten. »Okay«, sagte sie nur kurz und richtete ihren Blick wieder aufs Papier.

In den Wochen nach dem Vorfall mit Yasemin tobte eine Debatte zwischen der Schule und einzelnen Eltern. Die Schulleiterin, die zum letzten Fasching als »Chinesin« verkleidet erschienen war, erklärte den Eltern, es sei nichts zu machen. Die Lehrerin sei schon zwei Mal versetzt worden, wenn sie nun wieder Ärger bekomme, dürfe sie eventuell gar nicht mehr als Lehrerin arbeiten.

»Ich verstehe das nicht«, sagte ich zu meiner Mutter.
»Das kann man auch nicht verstehen«, erwiderte sie.

Selbstverständlich stammten viele Erklärungen über die Eruption rechtsextremer Gewalt im Osten, die diese entpolitisierten, aus westdeutscher Feder. Auch in der Bundesrepublik war Rassismus ein gewöhnlicher Teil der Alltagskultur, auch in der Bundesrepublik war das Problem Rechtsextremismus bis zur Wiedervereinigung geflissentlich heruntergespielt worden, trotz nachgewiesener rechtsterroristischer Strukturen, Anschläge und Morde. Die Nachfahren der Nazis hatten sich in den Jahrzehnten des Kalten Krieges mehrheitlich eher vor Kommunisten als vor Nazis gefürchtet. Der jüdische Publizist und Überlebende Ralph Giordano erklärte in einem Interview im *Spiegel* 1992 zu den ausbleibenden politischen Reaktionen auf den Rechtsextremismus: »Die deutschen Konservativen und ihre Führungsriege sind unfähig, sich von rechts wirklich bedroht zu fühlen. Für sie steht der eigentliche Feind immer noch links. Rechts – das sind irgendwie ungezogene Verwandte.«[6] Entsprechend erfuhren wir in der Schule später zwar vom Terror der linksterroristischen, für 33 Morde verantwortlichen RAF, nichts aber vom Terror der Nazis. Dabei wurden allein in den 90er-Jahren etwa 130 Menschen von ihnen getötet, genau wird man es nie wissen, denn erst 2001 wurde das Erfassungssystem reformiert.[7] Bis dahin wurden Taten anhand des Kriteriums »extremistisch« beurteilt. Als extremistisch galten Taten, die sich gegen die »freiheitlich demokratische Grundordnung« richteten und eine »Systemüberwindung« zum Ziel hatten. Rassistische und antisemitische Taten fielen hierbei regelmäßig durchs Raster.

Wenn die Nazis kamen, blieb die Polizei oftmals weg oder konnte nur noch die Feuerwehr rufen, wenn Flüchtlingsheime nach langen Abenden, an denen Bierflaschen geworfen worden waren, in Flammen aufgingen. Antifaschistische und migrantische Jugendliche verließen ihre Wohnungen mancherorts nur noch mit Baseballschlägern. Türkische Eltern deponierten Feuerlöscher neben den Zimmern ihrer Kinder. Beim Anschlag in Mölln 1992 versuchte Bahide Arslan, ihre Enkelkinder Yeliz Arslan (10) und Ayşe Yilmaz (14) aus dem brennenden Haus zu retten. Alle drei starben an Kohlenmonoxidvergiftungen – Bahide Arslan auf dem Weg ins Kinderzimmer auf der Treppe, die beiden Kinder im Kinderzimmer beziehungsweise im Krankenwagen; man fand sie in ihren Betten, verkrochen unter ihren Decken. Mölln liegt etwa 200 Kilometer von Bremen entfernt, in Westdeutschland. »Es gibt nicht *wieder* Nazis, es gibt *immer noch* Nazis«, sagte meine Mutter schroff in ihren abendlichen Selbstgesprächen vor der *Tagesschau.*

Im Unterricht kündigte der Lehrer an, dass wir eine Traum-Reise machen und anschließend einen Aufsatz schreiben würden, dessen ersten Satz er vorgab. Wenn wir nicht in der Schule fertig würden, sollten wir ihn zu Hause fertigschreiben. Der erste Satz lautete: »Als ich eines Morgens aus unruhigen Träumen erwachte, fand ich mich in meinem Bett in eine Katze verwandelt.« Der Lehrer diktierte den Satz, wir schrieben mit, er wies uns an, nun unsere Sachen wegzupacken, es uns gemütlich zu machen und die Augen zu schließen. Dann machte er die Ouvertüre der *Zauberflöte* an.

Ich saß und lauschte der vertrauten Musik. Die meisten Kinder hatten die Köpfe auf ihren Tischen abgelegt und träumten vor sich hin. Vor meinen geschlossenen Augen sah ich das ausgebrannte Haus vor grauem Himmel in dieser deutschen Kleinstadt, von der ich nie gehört hatte und die in den Nachrichten aussah, wie es überall in Deutschland auszusehen schien: kleine Häuser mit zwei, drei Stockwerken, viele von ihnen aus den 50ern. Ein brennendes Haus an einem Platz, an dem ich jeden Tag vorbeifuhr. Ein Kind aus meiner Klasse im Haus, die Eltern vor dem Haus, Sanitäter, die danebenstehen.

Die Musik war vorbei. »Stella weint«, sagte ein Kind aufgeregt zum Lehrer.

Er besorgte ein Taschentuch, fragte leise, ob alles okay sei. Über die ermordeten Kinder aus Mölln wurde in der Schule nicht gesprochen, sie wurden nicht als zugehörig wahrgenommen, so wie unsere beiden Lehrer sich für manche Kinder in unserer Klasse nicht verantwortlich fühlten. »Klassische Musik kann eben sehr viel auslösen«, meinte der Lehrer, »das geht in die Tiefe. Da können auch mal traurige Sachen hochkommen.«

Wir holten Papier und Stift hervor und lasen den zuvor notierten Satz: »Als ich eines Morgens aus unruhigen Träumen erwachte, fand ich mich in meinem Bett in eine Katze verwandelt.« Dann begannen wir zu schreiben.

Mit dem Jahr 1989/1990, so hieß es, war die Nachkriegszeit beendet; Rechtsextremismus war ein »Randphänomen«, bei rechtsextremen Straftaten handelte es sich um »Einzelfälle«, die von Jugendlichen begangen wurden, die es eigentlich gar nicht so meinten. »… für mich bleibt der 9. November 1989 ein Tag heller Freude, der zeigt, dass uns Deutschen Geschichte auch gelingen kann«, sagte Bundespräsident Johannes Rau in seiner Fernsehansprache zum zehnten Jubiläum des Mauerfalls.

Auch meine Großmutter war 1989 Woche für Woche zu den Demos gegangen. Ihre Briefe an meine Mutter aus dieser Zeit berichten vom Rausch der Aufbruchsstimmung, von der Freude, aber auch von der Angst, die um sie herum herrschte. Sie schrieb von einem Bekannten, der sich nach einer Demo das Leben genommen habe, und fragte sich, ob er die Ungewissheit nicht ausgehalten hatte. Mit jedem Schritt, den sie auf den Demos getan hatte, hatte sie sich weiter von ihrer eigenen Vergangenheit entfernt, so weit, dass sie sich – als der politische Prozess der Wiedervereinigung abgeschlossen war – an vieles nicht mehr genau erinnern konnte. Ihre Briefe aus den Jahren nach 1990 waren von den Themen bestimmt, die damals die Zeit prägten: die Arbeitslosigkeit, die fehlende Anerkennung für die Biografien der Ostdeutschen und ihre Kultur. Eine kritische Auseinandersetzung fiel aus.

Für meinen Großvater hingegen muss die Zeit nach der Wiedervereinigung furchtbar gewesen sein. Er bekam antisemitische Morddrohungen nach Hause geschickt. Rechtsextremer Terror breitete sich wie ein Flächenbrand aus. Auf Demonstrationen der extremen Rechten tauchten antisemitische Banner und Sprechchöre auf. Im Februar 1992 wurde die jüdische Auschwitz-Überlebende Blanka Zmigrod in Frankfurt am Main von einem Rechtsterroristen auf offener Straße erschossen. Ende 1992 wurde der 92-jährige jüdische Shoah-Überlebende Alfred Salomon im Altersheim von einem anderen Bewohner antisemitisch beschimpft und tätlich angegriffen; er brach zusammen und starb an Herzversagen. Der Täter war während des Nationalsozialismus Obersturmführer der paramilitärischen Organisation *Todt* gewesen. Aufgrund seines hohen Alters wurde Alfred Salomons Tod von der Bundesregierung nicht als Folge eines antisemitischen Angriffs gewertet; er fehlt bis heute in Statistiken zu Todesopfern rechter Gewalt. Wenige Tage zuvor war in Wuppertal Karl-Hans Rohn ermordet worden, die Täter hatten ihn für einen Juden gehalten und ihn mit den Worten »Juden müssen brennen« angezündet.

Ralph Giordano verfasste nach Mölln einen offenen Brief an Bundeskanzler Helmut Kohl, in dem er schrieb, dass Jüd:innen die Hoffnung verloren hätten, dass die Bundesregierung »einen wirksamen Schutz gegen den Rechtsextremismus und seine antisemitischen Gewalttäter bieten könnte«.[8] Er schrieb von Angst in der jüdischen Gemeinschaft, »wie es sie nach der Befreiung noch nie gegeben« habe.[9] Ein zweites Mal, hieß es in dem Brief weiter, würden sich Juden in Deutschland das alles nicht gefallen lassen; wenn der Staat sie nicht schütze, würden sie künftig selbst zu den Waffen greifen. CDU-Generalsekretär Peter Hintze kommentierte Giordanos Brief: »Die Angriffe von Ralph Giordano auf den Bundeskanzler sind unerträglich [...] und auch durch Schmerz und Trauer nicht zu entschuldigen.«[10] Friedrich Bohl, Chef des Bundeskanzleramts, rief Künstler:innen und Intellektuelle dazu auf, der von Giordano »postulierten Gewalt« zu entsagen. Kohl selbst erklärte im Bundestag dazu, wer versuche, das Gewaltmonopol des Staats anzutasten, »muß die ganze Härte des Staates zu spüren bekommen«.

»Man sitzt auf gepackten Koffern in diesem Land«, wiederholte sich meine Mutter in der Zeit von Rostock-Lichtenhagen, wo 1992 die Zentrale Aufnahmestelle für Asylbewerber und das »Sonnenblumenhaus«, ein Wohnheim ehemaliger Vertragsarbeiter, angegriffen wurden. Vier Tage dauerte das Pogrom, bei dem etwa 3000 Menschen zusahen. Umzugskartons verstellten unseren Flur. »Mit jedem Umzug gehen wieder Dinge verloren, an denen ich hänge. Dabei habe ich sowieso fast nichts«, schimpfte Bettina fröhlich zwischen ihren Büchern.

In der Küche hing eine Postkarte mit dem gezeichneten Bild einer entgeistert aussehenden Handpuppe mit Krone auf dem Kopf und Dreitagebart, die dabei zusah, wie wir das Ikea-Geschirr in Zeitungspapier wickelten. Bettina hatte die Karte zur Abgabe ihrer Dissertation von ihrem neuen Freund geschenkt bekommen. Zum vierten Mal innerhalb weniger Jahre räumten wir unsere Siebensachen zusammen. Jetzt sollte es nach Hessen gehen, ich freute mich auf mein großes Zimmer in der neuen Wohnung.

Ihr neuer Freund war nett, auch mir hatte er eine Postkarte geschenkt. »Alle Menschen sind Ausländer. Fast überall«, stand auf der Karte, die die Erde zeigte. Ich fühlte mich durch dieses Geschenk fast wie eine Erwachsene behandelt und war bereit, den Freund deshalb anzuerkennen. Der Präsident des Zentralrats der Juden in Deutschland, Ignatz Bubis, war kurz zuvor nach Rostock gefahren, man hatte ihn im Fernsehen mit Tränen in den Augen vor dem »Sonnenblumenhaus« gesehen, fast sprachlos, mit der Fassung ringend.

Es gab Proteste, Lichterketten und Konzerte gegen Nazis zu dieser Zeit, allein 1992 nahmen etwa zwei Millionen Menschen an den Demonstrationen teil. Die Postkarte, die ich bekam, war ein gängiges Motiv, ich sah es später als Poster in hessischen Jugendklubs hängen. Diese Gegenöffentlichkeit war tröstlich, aber sie konnte nicht darüber hinwegtäuschen, dass der demokratische Konsens in der Gesellschaft fragil war. Der Präsident der Rostocker Bürgerschaft fantasierte noch am Tag von Bubis' Besuch öffentlich darüber, dass Bubis' Heimat Israel sei; der Schriftsteller Martin Walser legte Bubis' Besuch 1998 öffentlich als »Einmischung in deutsche Angelegenheiten« aus.

Meine Mutter wollte keine Blumen zum Muttertag. Sie schrieb einen langen, komplizierten Brief an meinen Klassenlehrer, weil ich den Ausdruck »Jedem das Seine« von ihm gelernt und zu Hause benutzt hatte. Sie schnauzte die Kellnerin in der Pizzeria an, weil sie mich »Mädel« nannte. An manchen Tagen verzweifelte sie, sie war besorgt über das Schweigen ihres Vaters und darüber, ob die gesellschaftlichen Entwicklungen ihm das Herz brechen würden.

Die selektive Erinnerung an die Vereinigung der beiden deutschen Staaten, die den mit ihr verbundenen Ausbruch rechtsextremer Gewalt ausblendet, spiegelt heute die damalige Kaltherzigkeit im Umgang mit den Betroffenen der Gewalt wider. Als die DDR aufhörte zu existieren, endeten mit ihr auch Hoffnungen auf eine Gesellschaft, die sich als antifaschistisch sehen könnte. So wie für viele in unserer Umgebung die Nachkriegszeit mit der Wiedervereinigung zu enden schien.

Wir zogen nach Hessen. Nach unserem Umzug fuhren wir kein einziges Mal gemeinsam zurück nach Bremen, um Freund:innen zu besuchen.

3

Der Tod meiner Katzen – Baseballschlägerjahre auf Hessisch

In den Monaten bevor meine Mutter und ich nach Hessen zogen, waren wir einige Male zu Besuch in dem hessischen Dorf, in dem wir später lebten. Außerhalb lag ein altes, vielleicht schon seit Jahren verlassenes Hotel. Gleich hinter dessen Lobby befand sich der große, auch bei Tageslicht halbdunkle Saal, der früher wohl als Speisesaal gedient hatte. Die Gläser waren noch ordentlich in die Bar zurückgeräumt worden, bevor das Hotel geschlossen wurde. Die Scheiben der Fenster im Erdgeschoss waren teilweise kaputt, eines ließ sich öffnen, und so kamen immer wieder heimliche Besucher:innen; manche, um sich umzusehen und wie ich mit dem Zeigefinger »Ich war hier!« in den Staub auf der Bar zu schreiben, andere, um Graffiti an die weißen Wände zu sprühen. Die Tische standen noch da und warteten auf Gäste, einige Stühle waren umgefallen oder durch den Raum geworfen worden. Im oberen Stockwerk waren die Betten in den Zimmern teilweise bezogen, manche von ihnen zerwühlt, eine Matratze lag aufgeschnitten und halb herausgezerrt eher auf dem Bettgestell als darin. Zigarettenstummel und leere Bierflaschen lagen herum, einmal sah ich eine leere Kondomhülle auf dem Boden.

Wer auch immer auf die Idee gekommen war, ein Hotel am Rand eines Dorfes mit tausend Einwohner:innen zu eröffnen, hatte sich wohl verkalkuliert. Nun war im Hotel eine herrliche, so unheimliche wie anziehende Ausstellung entstanden, deren Exponate all die unaussprechlichen Geschehnisse bezeugten, die in der Dorfgesellschaft verboten waren.

Mich faszinierte das Gefühl der Wildnis und Freiheit dieser Räume, auch hatte ich den Gedanken, dass man mit ihnen Großartiges anfangen könnte; nur dass mir partout nicht einfallen wollte, was dieses Großartige konkret hätte sein können. Ich hielt meine Besuche in den stillen Räumen kurz. So gerne ich auch geblieben wäre, so groß war meine Furcht, dort erwischt zu werden.

Bald nachdem wir in unsere neue Wohnung eingezogen waren, zogen Geflüchtete in das Hotel ein – innerhalb so kurzer Zeit, dass ich mir nicht vorstellen konnte, dass es noch renoviert worden war. Es hieß, es lebten mehrere Hundert Menschen dort; zu Kontakten zwischen den Dorfbewohner:innen und den Heimbewohner:innen kam es nicht. Man sah die Neuankömmlinge selten im Dorf, manchmal saßen sie mittags, wenn wir von der Schule nach Hause kamen, an der Bushaltestelle und warteten. Meine Freundinnen wechselten die Straßenseite, bevor wir an dem Wartehäuschen vorbeiliefen, und wechselten wieder zu mir zurück, nachdem ich es passiert hatte. Ihre Eltern hatten sie angewiesen, mehrere Meter Abstand zu den Geflüchteten zu halten, das war auf dem schmalen Bürgersteig an der Bushaltestelle schwierig. Ich schämte mich für meine Freundinnen und hoffte inständig, dass die Erwachsenen in der Bushaltestelle nicht dachten, ich sei wie die anderen. Ich hatte ein schlechtes Gewissen, weil ich im Hotel früher Gläser durch den Raum geworfen und zerstört hatte und jetzt nicht sicher war, ob die neuen Bewohner:innen nun wegen mir zu wenige Gläser hatten.

Die Mutter meiner Freundin sprach während des gemeinsamen Mittagessens in ihrem aufgeräumten Wohnzimmer lange über die neuen Dorfbewohner:innen. Sie fand es unglaublich, dass die Leute in einem Hotel untergebracht worden waren, während »normale« Leute arbeiten mussten. Ich war sicher, dass, wenn nicht sowieso alle Dorfbewohner:innen irgendwann einmal das leer stehende Hotel besucht hatten, sein Zustand bekannt war, ebenso seine Größe, die nicht für so viele Menschen bestimmt war. Weil ich mich aber nicht traute, meine Kenntnis vom Inneren des Hotels preiszugeben, schwieg ich im Gefühl, dass wir in Wirklichkeit alle wussten, dass das Argument der Mutter erfunden war. So, wie ich dazu nichts sagte, so fragte ich meine Freundinnen auch nicht, warum sie die Straßenseite wechselten.

Irgendwann in dieser Zeit saß ich im Wohnzimmer der Familie meiner Freundin auf dem Teppich, als die Mutter mit Staubsauger und Putzeimer durch die Tür kam, um das saubere Zimmer zu reinigen. Sie blieb stehen, lachte und sagte: »Warum sitzt du denn auf dem Boden wie ein Jude?«

Nicht alle im Dorf waren so, aber dieses Gerede war so normal, dass auch die, die selbst nicht so dachten, sich die Mühe ersparten, zu widersprechen. Menschenfeindlichkeit war nichts, wofür man sich schämte, aber man kam in wirklich unangenehme Situationen, wenn man sie benannte. Als wir einige Jahre später Stress mit den Nazis aus der Region bekamen, schwiegen wir darüber. Dieses Schweigen gehörte zu den Benimmregeln der Dorfgemeinschaft.

Die Leute sagten, »die« machten den »Unsinn« aus »Langeweile«.

Meine Freundin Anna wohnte in dem Dorf, in dem die Nazis sich meistens trafen, etwa zehn Kilometer von meinem Zuhause entfernt. Die Bushaltestelle stand auch hier an der Hauptstraße; ein kleiner Abhang hinter der Station führte auf eine Wiese, durch die sich der Bach schlängelte, der das Dorf teilte. Immer wenn ich in der Zeitung über Rechtsextremismus in Hessen lese, denke ich an diese Bushaltestelle. Als läge dort der Abgrund, von dem alle wussten und über den heute – seit dem Mord an Walter Lübcke, seit den Drohungen gegen die Anwältin Seda Başay-Yıldız oder die Politikerin Janine Wissler, seit der Wahl des NPD-Ortsvorstehers in Altenstadt oder dem Terroranschlag von Hanau – trotzdem alle so verwundert zu sein scheinen. Altenstadt liegt nur einen Katzensprung von meiner Bushaltestelle entfernt.

An dem Abend, von dem ich hier erzähle, waren wir den Abhang hochgerannt und hatten uns in die Haltestelle geflüchtet. Die Nazis waren zu langsam, erst jetzt kamen sie über die kleine Brücke gerannt, sahen zur von Straßenlaternen erleuchteten Straße hoch, doch wir waren verschwunden. Hoffentlich waren wir verschwunden. Wenn wir ihr Tempo falsch eingeschätzt hatten, hatten sie noch gesehen, wie wir den Abhang hochrannten, hinein in die Bushaltestelle. Da kamen sie auch schon, ich hörte sie. Ich spürte den Impuls in Anna, aufzustehen und weiterzurennen, ich riss sie zurück in den Schatten, als sie es versuchte. Eine Straßenlaterne stand unweit der Haltestelle, deren Seitenwand deshalb einen scharfen Schatten über die Ecke warf, in der wir hockten. Sie liefen an uns vorbei, zwei von ihnen hatten Baseballschläger.

»Wo sind sie? Sie können nicht weit sein!«

»Schhh, sei mal ruhig …«

»Ey, ich hab keinen Bock mehr. Wie die gerannt sind!«

Sie zogen weiter. Einer von ihnen war vor Kurzem noch Annas Freund gewesen. Sie hatte sich von ihm getrennt, als wir uns anfreundeten. Am Anfang hatte sie gesagt, er sei gar nicht so, nur der andere, zu dem alle aufsahen, der sei so stolz auf seinen Großvater, der Aufseher in einem KZ gewesen sei.

Wir haben nicht lange in dieser Ecke gekauert, aber ein Teil von mir hat sich seitdem gedanklich dort niedergelassen, egal, wo ich danach gewohnt habe – in jedem Bett, in jedem Zimmer, in jeder Wohnung habe ich von dieser Ecke in dieser Bushaltestelle geträumt, von dem Moment, als sie an uns vorbeiliefen mit den Baseballschlägern in der Hand und nach uns suchten. In meinen Träumen drehen sie sich zu uns um, dann haben sie uns, Ende.

Immer wieder habe ich in Zeitungen gelesen, Nazis übten keine Gewalt gegen Frauen und Mädchen aus – eine Idee, die der nationalsozialistischen Erzählung von der männlichen (arischen) Ehre nachempfunden ist. Als ich mit Mitte zwanzig begann, gegen Rechtsextremismus zu arbeiten, las ich Fachliteratur und sprach mit Aktivist:innen; denn immer, wenn ich in der Zeitung diese Behauptung von der Verschonung der Frauen las, fragte ich mich, ob ich mir damals nur eingebildet hatte, bedroht worden zu sein. Meine ehemalige Kollegin Karo wird seit Jahren von Nazis mit Vergewaltigungsdrohungen überzogen, ihr Briefkasten wurde mehrmals gesprengt, es gab Buttersäureanschläge, Bestellungen mit hohen Rechnungen auf ihren Namen, Einbrüche. Als Karo nicht klein beigab, bedrohten sie ihre Tochter.

Ich lernte mit den Jahren auch mehr über die massive häusliche Gewalt innerhalb der neonazistischen Szene. Eine Sozialarbeiterin aus einem ostdeutschen Frauenhaus erzählte mir von den Gewissenskonflikten, die sie ausstand, wenn rechtsextreme Frauen bei ihr um Aufnahme baten.

Die Realität ist: Rechtsextremismus ist kein Problem zwischen Männern. Auch Frauen können Opfer rechtsextremer Gewalt sein, ebenso wie sie Täterinnen sein können. Von einer weiteren Kollegin, der Professorin Esther Lehnert, lernte ich: Da rechtsextreme Gewalt tabuisiert wird und Gewalt, die von Frauen ausgeht, ebenfalls tabuisiert wird, wird Gewalt von rechtsextremen Frauen doppelt tabuisiert. Oder, wie Esther Lehnert sagt: doppelt unsichtbar. Es gibt nur wenige Bilder von diesen Frauen. Artikel über Rechtsextremismus werden fast immer mit Fotos von Männern illustriert. Auf diese Weise werden stets aufs Neue Klischees über Rechtsextremismus reproduziert. Obwohl NSU-Mitglied Beate Zschäpe 2018 wegen zehnfachen Mordes zu einer lebenslangen Haftstrafe verurteilt wurde und sich die Öffentlichkeit längst daran gewöhnt hat, dass es in der AfD Frauen in allen Gliederungen der Partei gibt, gelten rechtsextreme Frauen weiterhin als Ausnahmen.

Dabei sind die Rollen, die Frauen im Rechtsextremismus spielen, vielfältig. Solange sie nicht beachtet werden, können sie effektiv auf ihr soziales Umfeld wirken und ihre Propaganda in der Öffentlichkeit verbreiten, da ihre Aussagen als harmlos und glaubwürdig gelten. Frauen müssen ihre propagandistischen Reden nur mit der Phrase beginnen, sie hätten Angst um ihre Kinder, und schon wird ihr Rassismus als »Sorge« gedeutet. Die Mütter meiner Schulfreundinnen waren keine Nazis mit geschlossenem, rechtsextremem Weltbild, aber sie sozialisierten ihre Kinder rassistisch. In dieser Atmosphäre führten die Nazis nur den nächsten Schritt aus, wenn sie auf Menschenjagd gingen.

Die Unsichtbarkeit der Täterinnen gleicht der Unsichtbarkeit der von rechter Gewalt betroffenen Frauen. So behauptete selbst Daniel Schulz in seiner preisgekrönten, eindrücklichen Reportage *Wir waren wie Brüder* über die Alltäglichkeit von Rechtsextremismus im Ostdeutschland der 90er-Jahre, rechtsextreme Gewalt habe sich nur gegen Jungen und Männer gerichtet. Ich weiß nicht, ob Männer jemals müde werden zu behaupten, Männer begingen keine Gewalt gegen Frauen. Die Wahrnehmung rechtsextremer Frauen beziehungsweise weiblicher Opfer von Nazis scheint an Geschlechterstereotypen zu scheitern: So wie Frauen als sozial und friedfertig gelten, gelten Männer als ihre Beschützer, nicht als ihre Peiniger.[11] Das, was Esther Lehnert über doppelte Unsichtbarkeit schreibt, lässt sich variieren: Wenn Gewalt von Männern gegen Frauen tabuisiert und Gewalt von Nazis tabuisiert wird, dann ist logischerweise Gewalt von Nazis gegen Frauen erst recht nicht vorstellbar.

»Die pubertieren doch nur!«, sagten die Leute im Dorf über rechtsextreme Jugendliche. »Der ist halt abgestürzt«, sagten sie über rechtsextreme Erwachsene. »Aber ein richtiger Nazi ist das nicht, deshalb sollte man auch nicht so harsch über ihn urteilen.« Bedrohung und Gewalt, so schien es mir, waren ein zufällig auftretendes Privatproblem. Wer dennoch in Gefahr geriet, hatte die Situation nicht richtig eingeschätzt, sondern war irgendwo hingegangen, wo es gefährlich war, hatte sich mit den falschen Leuten eingelassen oder etwas Provokantes gesagt. In jedem Fall waren wir selbst schuld an dem, was uns zugefügt wurde. Wer über Gewalt sprach, galt als überheblich, urteilte zu viel, verstand nicht, in welcher Notlage die Nazis waren und wie groß ihre Sorgen, saß auf einem zu hohen moralischen Ross. So wie zu dieser Zeit im Radio darüber diskutiert wurde, ob Vergewaltigungen in der Ehe strafbar sein sollten und ob diese überhaupt Gewalt darstellten, so war man der Meinung, in der Region gäbe es eigentlich keine Nazis. Wenn von Rechtsextremismus gesprochen wurde, wurde über Ostdeutschland gesprochen – und damit sein ideologischer Charakter beharrlich übersehen.

Es gab für uns als Jugendliche keine Sprache, mit der wir die Bedrohungen, die wir damals spürten, hätten beschreiben können. Wir seien jung und würden übertreiben, wurde uns gesagt, wenn wir es versuchten. Oder: »Was habt ihr denn gemacht, dass ihr die provoziert habt?«

Anna und ich mussten die Nazis nicht provozieren. Wir mussten nur existieren, damit sie uns jagten, und sie waren aufgrund ihrer Überzeugungen jederzeit bereit, es zu tun. Dennoch gingen die Erwachsenen davon aus, es handle sich nur um Konflikte unter Jugendlichen. Ihre vermeintliche Neutralität verstanden sie als pädagogisch oder demokratisch. In Wirklichkeit stellte sie eine Art Mittäterschaft dar, da sie uns, die gejagt wurden, mit unserem Problem alleinließen. Erst durch ihre Neutralität gewannen die Nazis ihre Macht.

Die Bushaltestelle lag an der Hauptstraße, das nächste Haus war dennoch weit weg. Es war kalt an diesem Abend, die geschlossenen Fenster vergrößerten die Distanz noch, kein Mensch war draußen. Solange ich auch innerlich in der Ecke dieser Bushaltestelle bleibe, an jenem Abend ging alles sehr schnell. Einen zu kurzen Moment nachdem die Nazis an uns vorbeigezogen waren, rannte Anna aus der Bushaltestelle. Zu früh – sie hatten uns gesehen. Ich rannte hinterher, den Abhang hinunter, über den Bach, den die Hessen »die Bach« nannten, auch nach Jahren auf dem Dorf fand ich das noch lustig.

Sie waren dicht hinter uns. Wir rannten durch die Gasse auf der anderen Seite des Bachs, wir rannten in der Mitte der Straße, die jetzt bergauf ging, wir wurden langsamer, wir durften nicht langsamer werden. Ich lief quasi auf der Stelle, fing an zu schreien. »Nein, ich will nicht, lasst mich!«, schrie ich, aber ich schrie gar nicht, ich rief höchstens mit lächerlicher Piepsstimme. Die hinter uns konnten mich hören, sonst niemand.

Am Anfang hatte ich gedacht, Anna habe sich das mit dem KZ nur ausgedacht. Aber es war wirklich wahr, der Junge war stolz auf seinen Großvater. Im Haus von Dirks Eltern, so sagten Gerüchte, gebe es Hakenkreuzflaggen und *Mein Kampf* im Bücherregal. Dirk war der Anführer der Gruppe – »der Führer«, hatte Anna gekichert, ihr Freund fand das gar nicht komisch. Anna hatte von ihm verlangt, sich zwischen den Nazis und ihr zu entscheiden. Er hatte sich für die Nazis entschieden.

Vielleicht, um ihr Argument stärker zu machen, vielleicht, um sich aufzuspielen oder aus Unbedachtheit – aus welchem Grund auch immer, Anna hatte ihm von mir erzählt. Sie wusste ein bisschen von meiner Familiengeschichte. Als ich sie das erste Mal zu Hause besuchte und wir durchs Dorf liefen, begegneten wir ihm. Er trug eine Bomberjacke und deutete mit dem Kinn auf mich. »Ist sie das?«, fragte er.

Nun rannten wir. Anna vor mir, sie kannte sich hier aus, ich hinterher, um die Kurve, es ging weiter, da war die Straße zu Ende, einfach so, wir waren am letzten Haus des Dorfes angekommen, hier begann der Weg in den Wald, wir rannten weiter, der Weg führte immer noch bergauf, war jetzt auch noch uneben. Wir wurden noch langsamer. Jetzt war es aus, gleich würden sie uns haben. Zu unsportlich für Verfolgungsjagden, so was kommt in Filmen nicht vor. Ich hatte innerlich schon aufgegeben, ich wusste, dass ich nicht schnell genug war, ich war immer zu langsam, immer. Wenn Bundesjugendspiele waren, hatte ich meine Mutter um eine Entschuldigung für die Schule gebeten.

Anna dachte immer noch, ihr Exfreund sei kein Nazi, so wie das Dorf ja auch sagte, nur Dirk sei ein Nazi. Trotzdem liefen gerade fünf Leute hinter uns her. Wir rannten weiter bis in den Wald, noch weiter …

Hinter uns war es still geworden. Wir blieben stehen, drehten uns um, außer Atem. Seitenstechen, ich war umgeknickt, in meinem Fuß stach es, ich konnte nicht mehr.

Die Nazis standen am Dorfausgang, sie hielten ihre Schlagstöcke hoch, lachten und schrien uns hinterher, »Polen raus«, »Juden raus« … Erst später, irgendwann, als wir uns endlich trauten und den Weg zurückliefen und ich mich noch einmal zum Wald umdrehte, verstand ich, dass sie nicht aus Versehen stehen geblieben waren. Es war stockdunkel dort, man sah vom Dorfrand aus fast nichts. Wir hatten sie tatsächlich abgehängt. Wir waren schnell genug gewesen.

Unser Freund Daniel war einmal die ganze Nacht gerannt, zwischen zwei Dörfern, nach der hr3-Disco. Sie hatten ihn nicht gekriegt. Die Leute im Dorf sahen das als Bestätigung ihrer Einschätzung: »Wenn die gewollt hätten«, sagten sie, »hätten sie ihn doch gekriegt, das waren doch mehrere.« Einen anderen Jungen, auch er war schwarz, hatten sie gezwungen, sich vor ihnen einen runterzuholen. »Das ist ja pervers«, sagten die Erwachsenen dazu, »das glaube ich nicht, das hat der bestimmt übertrieben, der erzählt doch viel, wenn der Tag lang ist, ein Schwätzer ist der.«

Einer von denen, die dabei gewesen waren, hatte es bald darauf aber im Schulbus erzählt, alle hatten gelacht, nur meine Freundin nicht. Ihr spinnt doch, sagte sie, das ist nicht lustig, das macht man nicht, das ist wie vergewaltigen. Da sprang der, der die Geschichte erzählt hatte, auf, packte sie am Kragen und rief: »Pass mal auf, was du sagst, ja? Ich bin doch nicht schwul!« Dann ließ er sie los, schubste sie zu Boden und sagte über ihr stehend: »Und wenn du nicht aufpasst, dann zeige ich dir das mal!« Wieder lachten alle, bloß dem Busfahrer reichte es anscheinend, er drehte sich um und sagte: »Jetzt mal alle wieder hinsetzen, sonst halte ich an und ihr könnt zur Schule laufen.«

Bevor die Nazis uns ins Visier nahmen, hatte ich sie selbst kaum wahrgenommen, die Geschichten ihrer Gewalt waren mir nicht aufgefallen neben der anderen Gewalt, die um uns herum stattfand. Zwischen den Dörfern fuhren selten Busse. Um irgendwo hinzukommen, trampten wir oder fuhren abends bei älteren Freund:innen mit. Wir hofften jedes Mal, dass es gut gehen würde. Unsere Eltern wollten nicht, dass wir trampten, sie verboten es uns – und fuhren mit ihren Autos davon. Anscheinend blickten sie nie auf die Fahrpläne der Busse, sonst hätten sie sich darüber wundern müssen, wie wir von einem Dorf ins nächste kamen.

Für meine Mutter und ihren Freund war es angenehm auf dem Land. Das Haus war schön, die Wohnung hatte Dielenboden, fußläufig gab es einen Badesee, zu dem sie am Wochenende ihre Rezensionsexemplare irgendwelcher Neuerscheinungen trugen. Manchmal kamen Freund:innen aus der Stadt zu Rotwein und Waldspaziergang.

Für Jugendliche gab es hier nichts. Wir trafen uns auf Marktplätzen, an Bushaltestellen und an entlegenen Sportplätzen in lose zusammengesetzten Gruppen, die sich in unerklärlichen Choreografien der Gewalt ständig veränderten: Kam der dazu, kam die nicht mehr. Wir sagten: »Ich hab keine Lust mehr auf den Marktplatz, ist langweilig«, wenn jemand auftauchte, von dem wir wussten, dass er uns nicht duldete. Wir alle waren Teil eines aus Verwahrlosung und Gewalt geborenen, unausgesprochenen Territorialkampfes, der als Kollateralschaden missbrauchte Mädchen und verprügelte Jungen hinterließ, die zu früh anfingen, Alkohol zu trinken und zu rauchen.

Aus Langeweile entstanden Spiele, die aus Langeweile eskalierten: Drei schlossen sich zusammen und sagten: »Wie viele Hip-Hop-Songs kennst du?« Und einer sagte: »Viele, bestimmt 500.« Dann musste er sie aufsagen, und immer, wenn er Pause machte, um zu überlegen, einen Tequila-Shot trinken. Am Ende bekam er den Magen ausgepumpt, alle fanden das lustig, vor allem die beiden anderen, bloß er selbst kam danach nicht mehr.

Manche Jugendliche, in der Regel die mit den netten Eltern, verzogen sich schnell von den öffentlichen Plätzen. Sie wurden Teil fester Cliquen, trafen sich zu Hause oder ließen sich von ihren Eltern ins Kino fahren. Aber für diejenigen von uns, die versuchten, ihren Eltern aus dem Weg zu gehen, war die Gewalt auf der Straße alternativlos.

Ob Trampen unsicherer war, als bei angetrunkenen 20-Jährigen mitzufahren, die davon ausgingen, der Preis für die Mitfahrgelegenheit bestehe darin, uns unters T-Shirt fassen zu dürfen, war nicht zu erahnen. Sicherheit war für Mädchen ein Glücksspiel. Auf die Dixi-Klos hinter dem für die Dorfdisco aufgebauten Zelt ging man nicht.

Der anderthalb Kilometer außerhalb des Dorfs liegende Sportplatz war für uns lange Zeit ein Treffpunkt, bis die Jungs, mit denen wir befreundet waren, eines Tages eine meiner Freundinnen auf den Boden warfen und ihr das T-Shirt hochzogen. Nur zum Spaß, erklärten sie danach und lachten. Als die Nazis den Jungen zwangen, sich einen runterzuholen, passierte das auch dort, auf dem Sportplatz bei den Tischtennisplatten. Dieselben Jungs, die meine Freundin auf den Boden geworfen hatten, schauten dabei zu.

Nur eine meiner Freundinnen blieb von alledem verschont. Sie hatte wechselnde feste Freunde, schlief mit ihnen – das erste Mal, als sie elf war. Die anderen Jungs ließen sie in Ruhe, weil sie vergeben war.

Irgendwo in diesem Tümpel aus Gewalt fischten auch die Nazis. Das, was sie in meinen Augen zunächst von den anderen unterschied, war, dass ihre Gewalt auch auf Jungs abzielte, während die anderen Jungs es vor allem auf Mädchen abgesehen hatten. Mich interessierte nicht, von wem ich geschlagen oder begrapscht wurde, im Kopf trug ich Verachtung und Aggression für sie alle, ich malte mir aus, wie ich sie überfallen lassen könnte, alle miteinander. Mein Stiefbruder bot mir an, mir zu helfen, wenn es Stress gab, aber wenn es drauf ankam, war er zu weit weg, so wie alle.

Einmal waren Anna und ich abends in einer Kneipe. Wir tranken Kirschbananensaft und trafen Kevin und seine Freunde. Sie kamen aus Frankfurt und waren richtige Punks. Sie rochen komisch und waren alt, 30 vielleicht, jedenfalls erwachsen. Als ich erzählte, dass wir Stress mit Nazis hatten, freuten sie sich und boten Hilfe an. Auch sie hatten Baseballschläger. Dort, wo sie wohnten, erklärten sie uns, gab es nicht viel zu tun. An den Wochenenden fuhren sie manchmal raus auf die Dörfer, um Glatzen zu klatschen. Während sie dies erzählten, lachten sie immer wieder laut auf und stießen mit ihren stinkenden Biergläsern an.

Ich versprach ihnen, sie anzurufen, wir malten uns in den schönsten Tönen aus, wie wunderbar es sein würde, wenn sie mit ihren Baseballschlägern kommen und die nichts ahnenden Dorfnazis durch die Gassen jagen würden. In meiner Fantasie rannten die Nazis denselben Weg, den wir gerannt waren, in meiner Fantasie pissten sie sich vor Angst in die Hosen; sie heulten und winselten und rannten und schwitzten, und dann blieben Kevin und seine Freunde genau dort stehen, wo die Nazis stehen geblieben waren, als sie uns gejagt hatten. Damit endeten die Fantasie und auch die Idee, Kevin jemals anzurufen, denn ich wusste, dass es so nicht ausgehen würde.

Viele Menschen sagen, sie können sich Gewalt nicht vorstellen. Ich konnte mir Gewalt schon immer vorstellen. Ich konnte und kann mir vorstellen, wie es aussieht, wenn ein Baseballschläger auf den Kopf eines Menschen trifft. Ich konnte mir vorstellen, dass Kevin und seine Freunde und die Nazis mit ihren Baseballschlägern auf der geteerten Dorfstraße aufeinander losgingen und nicht aufhören würden zuzuschlagen, bis einer sich nicht mehr bewegte. Ich hätte den Nazis damals gegönnt, Angst und Schmerzen zu haben, aber ich sah dieses furchtbare Bild vor meinem inneren Auge, das den Gedanken, Kevin anzurufen, stets so schnell wieder vertrieb, wie er auftauchte. Dennoch blieb ich unsicher, ob es ein Fehler war, ihn nicht anzurufen.

Die Gegengewalt der Linken, der Antifas in den 90er-Jahren, war Notwehr. Sie hat an vielen Orten Schlimmeres verhindert, vor allem angesichts der Tatsache, dass die Polizei oft nicht gegen Nazis eingeschritten ist.[12] Mein Bruder hatte mir irgendwann in dieser Zeit die *Allgemeine Erklärung der Menschenrechte* geschenkt, und wie alle Geschenke meines Bruders war dieses kleine Heftchen ein Heiligtum für mich. Ich hatte sonst nichts, woran ich glaubte, an irgendetwas musste ich glauben. Ich steckte es mir in die Jackentasche und trug es über Jahre überallhin wie einen Glücksbringer. Wenn ich darüber nachdachte, ob es ein Fehler war, Kevin nicht anzurufen, fasste ich manchmal in meine Tasche und ließ das Papier des Heftchens zwischen meinen Fingern knistern.

Während ich heute, 2021, in Gedanken in meiner Bushaltestelle versinke, wird im Radio über den Wahlkampf der AfD in Hessen berichtet. Ich google Dirks Namen und finde ihn sofort: Er wohnt immer noch da und ist ein organisierter Nazi. Was hat er alles gemacht in den letzten Jahrzehnten? An welchen Straftaten war er beteiligt, von welchen hat er gewusst? Ich weiß, dass wir ihn nicht hätten aufhalten können, wahrscheinlich hätte auch Kevin es nicht gekonnt. Oder doch? Hätte es etwas verändert, wäre er einmal in die Schranken gewiesen worden, hätte er einmal die Angst gespürt, die er bei anderen auslöste? Mir wird durch die Recherche klar, dass ich Dirks Namen in diesem Text ändern sollte. Vielleicht klagt er dann nicht, sollte er mitbekommen, dass ich über ihn geschrieben habe. Ich habe oft erlebt, dass rechtsextremen Tätern die privaten Adressen ihrer Opfer durch Gerichtsverfahren bekannt wurden.

»Nazis raus« hatte Anna auf ihren Rucksack gepinselt, er lag auf dem Tisch, der Kunstlehrer lief vorbei. Er blieb stehen, schob die Hand in die Tasche seiner dunklen Cordhose, blickte eine Weile auf den Rucksack und sagte: »Du solltest mal überlegen, ob Provokation der richtige Weg ist und ob man mit bestimmten Äußerungen nicht genauso schlimm ist wie sein Gegner.«

Wir fingen an zu diskutieren, es wurde laut, die Worte explodierten in unseren Mündern, wir schrien ihm entgegen: von der Gewalt, davon, dass unser Freund Daniel eine ganze Nacht zwischen zwei Dörfern gejagt worden war, dass er am Ende zusammenbrach, von unserem Abend im Wald.

»Was macht ihr denn um die Zeit unter der Woche auf der Straße? Wissen eure Eltern davon?«, fragte unser Lehrer und sagte, Mädchen würden die eh nie was tun. Früher habe man gesagt, was sich liebt, das neckt sich.

Wir mussten unwillkürlich kichern, Anna fragte: »Spinnen Sie?«

Da wurde der Ton des Lehrers scharf. »Hast du das wirklich gesagt gerade?«, fragte er. »In Polen macht man das vielleicht so, aber hier nicht.«

Doch wir waren nicht mehr in der Grundschule, und Anna war keins der beiden schweigenden Kinder in meiner norddeutschen Klasse. Ihr Blick wurde starr, sie fixierte den Lehrer und fragte: »Und was haben Sie da jetzt gerade gesagt?«

Nach dem Unterricht gingen wir zum Schuldirektor, in der nächsten Stunde musste der Lehrer erneut zu uns in die Klasse kommen. Er erklärte, er habe etwas gesagt, was man nicht sagen solle, und deshalb sei er ab sofort nicht mehr unser Lehrer, das tue ihm leid.

Auf dem Pausenhof gingen wir bis zur »Grenze« – dorthin, wo der Schulhof des Gymnasiums an den Schulhof der Realschule stieß. Da kamen die Nazis, Anna drehte sich weg. Sie winkten. »Na, wie geht's, wie steht's?«, grölte einer von ihnen. »Miau«, machte ein anderer, sie lachten.

Als ich nach Hause kam, waren unsere Katzen tot, zerhackt, die Stücke ausgebreitet im Hof. Ihre Mutter war eine Straßenkatze, sie hatte sich kurz vor der Geburt in einem Verschlag auf dem Hof niedergelassen. Lange hatte ich meine Mutter angefleht, sie füttern zu dürfen, damit sie blieb und es ihr gut gehe, wenn die Babys kamen. Die Babys hatten noch nicht einmal die Augen aufgemacht, so klein waren sie gewesen.

Das Muttertier lief zwischen den einzelnen Teilen umher, beschnupperte sie, schrie. »Wer macht denn so was?«, fragte die Nachbarin, die es verrückt gefunden hatte, eine schwangere Straßenkatze durchzufüttern, mit Tränen in den Augen. Sie verdächtigte den Vermieter, sie verdächtigte sonst wen, aber eigentlich hatte sie keine Idee. Niemand hatte eine Idee.

Die Katzenteile wurden schließlich zusammengefegt und weggeschafft. Die Mutter lief noch lange im Hof hin und her zwischen den Stellen, an denen die Katzenteile gelegen hatten.

Die wabernde Gewalt zwischen den Dörfern, im Wald, auf Sportplätzen, die spätestens mit der Dämmerung hereinbrach und die von Jungs und Männern ausging, denen man aus dem Weg gehen musste, war überall, und sie geschah zufällig. Mit der Konfrontation mit den Nazis wurde das anders: Wir wussten, wo sie waren, und ich wusste, dass sie mich meinten. Wir gingen nicht hin, wo sie waren. Breitengrade der Gewalt ordneten die Landschaft wie unsichtbare Mauern, die nur für uns galten.

»Das macht uns nichts aus«, sagten wir uns, »in die Gegend, in der die abhängen, zieht uns sowieso nichts.«

Kompliziert blieb es in dem Dorf, in dem Anna lebte.

Dort kam man nur mit dem Auto hin; ihr Vater parkte direkt vor der Tür, wir gingen ins Haus, und wenn wir es verließen, stiegen wir sofort wieder in den Wagen. Nur in seiner Begleitung gingen wir durchs Dorf; wenn er nicht dabei war, waren alle Straßen für uns gesperrt – die Nazis trafen sich in der Regel auf dem Spielplatz im Dorfkern. Auch der Schulhof der anderen Schule war gesperrt, ebenso der Weg von der Schule hinunter in den Ortskern. Wenn wir dort hinwollten, warteten wir vor der Schule auf den Bus, um nicht an der Realschule vorbeilaufen zu müssen.

Jedes Dorf, jede Straße, jeder Platz wurden von nun an gedanklich nach der Möglichkeit bewertet, ob die Nazis dort auftauchen könnten oder nicht. Mit der Zeit fühlten wir uns sicherer oder zumindest normaler; dennoch kam es zu brenzligen Situationen. Sie jagten uns noch mehrmals durch die Straßen. Einmal kriegten sie uns kurz, aber dann kam ein Auto, und wir entwischten.

Die Nazis kauften ihr Gras bei denselben Leuten wie wir. Sie gingen auf die benachbarte Schule und hatten dort Freund:innen. Einer von ihnen machte eine Lehre, ein anderer besuchte seine Tante. Beim Dorffest stand ich auf einmal nur zwei Meter von ihnen entfernt. Der Exfreund meiner Freundin sah mich und lächelte, ich lächelte zurück, dann ballte er die Fäuste, winkelte die Arme an und begann, auf der Stelle zu rennen. Noch immer grinsend, deutete er mit dem Kopf an, dass ich verschwinden solle. Ich löste mich aus der Menge und ging.

Als ich meinen Großvater im Winter 1996/1997 traf und er mich fragte, wie es mir gehe, erzählte ich ihm von den Nazis.

Er urteilte, dass so ein paar Nazis noch kein Problem

seien. »Das Problem«, erklärte er, »beginnt dann, wenn sie in den Zeitungen schreiben und in die Parlamente gelangen.«

Ich versuchte, mehr zu erklären, aber er winkte ab und empfahl mir, ein Buch über die Weimarer Republik zu lesen. Ich glaube bis heute, dass er falschlag, und wünschte, ich könnte dieses Gespräch noch einmal führen.

Später habe ich einmal mit einem Bekannten, mit dem ich in der Zeit auf dem Dorf befreundet war, über meine Erfahrungen gesprochen. Er war verwundert und schüttelte den Kopf, sagte, er habe dies alles gar nicht mitbekommen, und ich hatte den Eindruck, dass er nicht ganz glaubte, was ich ihm erzählte.

Mir war das unangenehm. Ich konnte ihm nicht erklären, warum ich ihm nicht früher etwas gesagt hatte. Vielleicht deshalb, weil Gewalt damals einfach so normal war. Niemand sprach über sie. Bis heute denke ich an Michael, der in der siebten Klasse zu uns kam; ein Wunderling, 15 Jahre alt, ohne Taktgefühl dafür, wem man wovon erzählt und wie ausführlich. Michaels Vater war ein angesehener Mann, er war ein wichtiger Arbeitgeber in der Region. Wenn Michael nervte oder etwas tat, was er nicht durfte, sperrte sein Vater ihn in den Keller und machte das Licht aus. Manchmal verbrachte Michael ganze Nächte im Keller. Wir wussten das alle, und sollten die Lehrer:innen wirklich nichts mitbekommen haben, wenn Michael seine Geschichten erzählte, dann müssen sie zumindest die Veilchen in seinem Gesicht gesehen haben oder die blauen Flecken an Hals und Armen.

Vielleicht habe ich auch deshalb nicht mehr erzählt, weil Rechtsextremismus in den Geschichten, die ich kannte, immer nur im Osten existierte. Wo rechtsextreme Gewalt im Westen sichtbar wurde, galt sie als »Einzelfall« – und das, obwohl es in der Geschichte der Bundesrepublik spätestens seit den 80er-Jahren eine öffentlich mehr oder weniger bekannte Geschichte des Rechtsterrorismus gab.

1980 wurden zwölf Menschen beim Oktoberfestattentat durch die Explosion einer Bombe getötet; der jüdische Verleger Shlomo Lewin und seine Lebensgefährtin Frida Poeschke wurden wenige Wochen später in ihrem Wohnhaus in Erlangen ermordet. Trotz zahlreicher Hinweise auf Verbindungen des Oktoberfestattentäters zur rechtsterroristischen Wehrsportgruppe Hoffmann, aus denen geschlossen werden konnte, dass er nicht allein gehandelt hatte, wurden die Ermittlungen 1981 eingestellt, da der Attentäter tot war. Im Fall der Ermordung Lewins und Poeschkes wurde zunächst in der jüdischen Gemeinde ermittelt, nicht im rechtsextremen Milieu[13]. Auch dieser Doppelmord wurde von einem Mitglied der Wehrsportgruppe Hoffmann begangen.

Im Fall rechtsterroristischer Morde zeigt sich eine Kontinuität, in der rechtsextreme Motive übersehen und statt im Umfeld der Täter im Umfeld der Opfer ermittelt wird – so geschehen auch beim NSU. Allein in den 80er-Jahren wurden in der Bundesrepublik 27 Menschen von Rechtsterroristen getötet. Da rechtsextreme Motive bei diesen Verbrechen oft übersehen wurden, stellt sich aus heutiger Perspektive auch die Frage, ob weitere Morde eventuell gar nicht bekannt sind. So hat sich in Düsseldorf 2015 eine Initiative gegründet, die sich um die Aufklärung eines 1984 geschehenen Brandanschlags bemüht, bei dem sieben Menschen ermordet wurden. Eine Frau, die etwa zehn Jahre später vor Gericht stand, weil sie ein Flüchtlingsheim angezündet hatte, gestand während des Prozesses, auch den Düsseldorfer Anschlag verübt zu haben. Sie wurde als Pyromanin verurteilt und in einer Psychiatrie untergebracht. Ein rechtsextremes Motiv wurde nicht in Betracht gezogen.[14]

4

In der Gedächtnislücke: Erinnerungsabwehr im Schulunterricht

»Bald ist das Kriegsende schon fünfzig Jahre her«, erklärte unser Geschichtslehrer eines Morgens und ergänzte, dass uns fünfzig Jahre wie eine lange Zeit vorkämen. Unser Lehrer war streng, wir mussten aufstehen, wenn wir ihm in sechs Sprachen »Guten Morgen« wünschten. Er mochte nicht, wie wir uns ausdrückten, wie viel wir fernsahen; er sprach mit Abscheu davon und seufzte darüber, wie wenig wir lasen.

Ich war eine gute Schülerin, ängstlich darauf bedacht, seinen Ausführungen gewissenhaft zu folgen. Ich wusste noch nicht, dass mich das Sprechen über den Nationalsozialismus mit einer anderen Kultur konfrontieren würde. Weil uns fünfzig Jahre wie eine lange Zeit vorkamen, versuchte ich, mir fünfzig Jahre als lange Zeit vorzustellen. Es gelang mir nicht.

In einer der folgenden Stunden kam ein »Zeitzeuge« zu uns. Er berichtete von seiner Kindheit, von seinen Eltern, vom Laden, den die Eltern gehabt hatten, und davon, wie schlecht es vielen Menschen während des Kriegs ergangen sei. Er hatte als Kind im Geschäft aufgepasst, weil sein Vater Diebstähle befürchtet hatte. Als 1945 befreite Häftlinge aus einem nahe gelegenen Konzentrationslager durchs Dorf gelaufen waren, hatte der Vater aus Angst vor Plünderungen den Laden verrammelt. Hart, aber sicher richtig, denn wenn man so lange nichts gegessen habe, sei es nicht gut, zu viel auf einmal zu essen, das vertrage man dann nicht, erklärte der Mann. Ich hatte gerade Schoschana Rabinovicis Jugendbuch *Dank meiner Mutter* gelesen und mit meiner Mutter über die Todesmärsche und die Situation der Häftlinge am Ende des Krieges gesprochen. Während unser Zeitzeuge sprach, dachte ich an ihre Geschichte: Sie hatte nur durch die Hilfe ihrer Mutter und anderer Häftlinge überlebt. Der Zeitzeuge und Schoschana Rabinovici waren bei Kriegsende nur wenig älter beziehungsweise jünger gewesen als die Kinder aus meiner Klasse und ich.

In der Stunde nach dem Zeitzeugengespräch beschrieben wir unsere Eindrücke. Unser Lehrer erzählte von einem Verwandten, der kein Abitur habe machen können, obwohl er gern studiert hätte. Wir sprachen darüber, dass der Zeitzeuge schon als Kind gearbeitet hatte und nicht in die Schule hatte gehen können und dass wir gar nicht wüssten, wie froh wir sein könnten, keinen Krieg mitmachen zu müssen und die Schule besuchen zu dürfen.

»Aber was war denn wohl das eigentlich Schlimmste für die Leute nach dem Krieg?«, fragte der Lehrer, und als wir nicht darauf kamen, fügte er hinzu: »Da war eine Sache, die geht alle Menschen an, und das war ein Problem, das im Krieg auch alle Leute hatten, auch danach noch, da war unser Zeitzeuge sozusagen ein wenig untypisch, weil seine Eltern den Laden hatten …«

»Hunger!«, rief jemand von hinten.

»Genau, sehr gut: Hunger! Die Leute hatten Hunger!«

Dann gab er uns eine Hausaufgabe auf. Wir sollten unsere Großeltern befragen, was sie nach dem Kriegsende 1945 innerhalb einer Woche zu Essen gehabt hatten; die wenigen Kinder, deren Großeltern nicht in erreichbarer Nähe wohnten, durften Nachbar:innen oder Großeltern von Freund:innen befragen. Anschließend sollten wir mithilfe unserer Eltern aufzählen, was wir innerhalb einer Woche aßen, und dann die Angaben in einer Tabelle nebeneinander auflisten. Als meine Mitschüler:innen in einer der folgenden Stunden ihre Eintragungen laut vorlasen, herrschte zwischen den Aufzählungen bedrückte Stille, alle waren erschlagen von der Vorstellung, wie wenig ihre Großeltern als Kinder gehabt hatten. Manche hatten gehungert.

In diesem Winter sahen wir uns Bilder von zerbombten hessischen Städten an. Frankfurt hatte es besonders getroffen, aber auch Gießen, Kassel und Darmstadt. Die Menschen hatten alles verloren, wir konnten uns das kaum vorstellen, aber unsere Großeltern hatten das mitgemacht. Ich kannte keine Geschichten über Hunger oder Bomben aus meiner Familie und hielt mich zurück.

Die Erzählung über den Nationalsozialismus, die wir in der Schule hörten, begann 1945. Wieder und wieder sprachen wir über die hungernden Großeltern, über Flucht und Bomben. Von der Shoah sprachen wir das erste Mal Jahre später. Sicherlich hat mein Lehrer es besser gewusst, vielleicht hat er auch etwas Entsprechendes gesagt, aber es vermittelte sich emotional nur das Leid der Großeltern. Schlechte Didaktik als unbeabsichtigte Holocaust-Relativierung: Die Welt, so reimten es sich meine Mitschüler:innen zusammen, war gegen Deutschland in den Krieg gezogen, um die Juden zu retten, in der Folge hatten die Großeltern ihr Zuhause verloren, manche waren vertrieben worden, andere vor den Bomben aus der Stadt aufs Land geflohen – alle waren irgendwie Opfer gewesen. Angesichts dieser Ungerechtigkeit fingen die Kinder aus meiner Klasse an, nach Schuldigen zu suchen. In ihren Köpfen fanden sie Juden.

Ich war allein mit diesen Erlebnissen, wie Kinder immer allein sind mit Erfahrungen, die sie nicht verstehen und deshalb nicht benennen können. Meine Mutter fuhr morgens gemeinsam mit meinem Stiefvater mit dem Auto vom Dorf in die Stadt zur Arbeit im Hessischen Rundfunk und kehrte erst abends zurück. In den Jahren, in denen wir auf dem Dorf lebten, hatte sie nur eine Freundin dort, die meisten ihrer Freund:innen lebten in Frankfurt oder Berlin, während mein Sozialleben in der dörflichen Umgebung stattfand und ich einer Kultur begegnete, die sich in vieler Hinsicht von der Kultur meines Zuhauses unterschied.

Manchmal fuhr ich mit in die Stadt. Der Rundfunk war wie ein Gegenentwurf zu dem Dorf, in dem wir lebten. Ein Pförtner wachte über den Zutritt zu diesem Ort mit den vielen Gebäuden, die durch Innenhöfe miteinander verbunden waren und deren lange Gänge mal in Lagerhallen, mal in Werkstätten, in Büros oder sogar in einem Konzertsaal endeten. Wenn eine berühmte Schauspielerin in der Kantine saß, hob niemand den Kopf, und in den Gängen grüßten sich Handwerker:innen, Journalist:innen, Punker:innen und Männer in feinen Anzügen. Hinter den Glasscheiben der Studios sah man die Moderator:innen mit ihren riesigen Kopfhörern und Mikrofonen.

Wenn ich auf dem Weg nach Frankfurt auf der Rückbank unseres Autos saß, spielte ich zwei Spiele: Ich schnipste lautlos mit den Fingern in dem Moment, in dem wir an einer Straßenlaterne vorbeifuhren. Das andere Spiel bestand darin, Gegenden in der vorbeiziehenden Landschaft zu entdecken, in denen es möglich wäre, ein Konzentrationslager zu errichten, ohne dass die Bewohner der umliegenden Dörfer es merkten.

Auch das hatte ich in der Schule gelernt: dass niemand gewusst hatte, was mit den Juden geschehen war, und man es erst nach 1945 erfahren hatte. Selbstverständlich hatte ich auch gelernt, dass man sowieso nichts gegen die Nazis hatte tun können. Zu Hause dagegen hörte und las ich von Widerstandskämpfer:innen.

Wenn ich in diesen Jahren am Bahnsteig irgendeines Bahnhofs stand, stellte ich mir Durchfahrten von Deportationszügen vor. Ich wählte dafür das am weitesten entfernte Gleis und fragte mich, ob man merken würde, wenn Menschen in Viehwaggons vorbeifuhren.

In Büchern, die ich gelesen hatte, wurde von den Deportationen berichtet. Es entstand eine Dissonanz zwischen den Gesprächen in der Schule und meinem Wissen, die ich mir nicht erklären konnte. Ich übertrug die Geschichten, die ich hörte, gedanklich in die Landschaft, in der ich mich bewegte, und versuchte so, mir ein Bild zu machen.

In der Region, in der wir lebten, befanden sich noch die Kasernen der Amerikaner, die sich in der Zeit, in der wir nach Hessen gezogen waren, zunehmend leerten. Nur einmal war es mir gemeinsam mit einem Freund gelungen, eine der Kasernen zu betreten, in deren kleinem Supermarkt mit Dollar bezahlt wurde. Während unseres kurzen Aufenthalts wartete ich vergeblich darauf, dass einer der Soldaten uns Kaugummi zustecken würde, wie sie es in den historischen Erzählungen taten, aber die Freundlichkeit der Soldaten gegenüber uns Kindern machte tiefen Eindruck auf mich. Mitten in der Landschaft, in der man sich vor Nazis fürchten musste, lagen Inseln der Sicherheit; schließlich waren die Amerikaner hier, um uns zu beschützen.

Auch neben dem Hessischen Rundfunk lag ein Gelände der Amerikaner, es beherbergte den amerikanischen Radiosender AFN. Sie hatten 1945 auch *Radio Frankfurt* gegründet, aus dem 1948 der Hessische Rundfunk hervorgegangen war. Meine Mutter sprach oft davon, wie eng die Geschichte des öffentlich-rechtlichen Rundfunks mit der Geschichte der Demokratie zusammenhing. Sie zog mich in die »Goldhalle« und erzählte, dass der Rundbau ursprünglich als Plenarsaal des deutschen Bundestages geplant worden war; später fanden hier die Ausstellungen statt, die meine Mutter über viele Jahre für den Rundfunk kuratierte. Als es den Hessischen Rundfunk noch nicht gegeben hatte, hatte mein Großvater kurze Zeit für *Radio Frankfurt* gearbeitet. Bettina sprach von der Entnazifizierung durch die Amerikaner und davon, wie wichtig Bildung und Informationszugang in einer Demokratie seien. Viele Erzählungen deuteten auf die Rolle von Bildung und Aufklärung für die Überwindung nationalsozialistischer Ideologie, und ich vertraute meinen Lehrer:innen deshalb grundsätzlich.

In den Wochen nach der Unterrichtsstunde mit dem Zeitzeugen wurden sogenannte »Judenwitze« auf dem Schulhof erzählt, brachiale Witze über den Holocaust. Johannes kannte besonders viele. Beim Klassenausflug ins lokale Kino im Dezember liefen wir in Zweierreihen, Johannes neben mir. Die Daumen unter die Riemen seines Rucksacks geschoben, sagte er sie emsig nacheinander auf. Er wartete nicht, bis ich lachte oder etwas erwiderte, er redete nur so vor sich hin; die Erwartung, dass ihm jemand zuhörte, schien er sowieso nie zu haben. An den Rändern der Straße lag Matsch, der Himmel war weiß bedeckt, der Bürgersteig eng und lang. Ich hörte frierend Witze über Vergasungen. Vielleicht hat der Unterricht, der die Shoah beschwieg und das Leiden der Deutschen betonte, die Kinder dazu ermutigt, diese Witze zu erzählen; verhindert hat er sie jedenfalls nicht.

Schon 1960 hatte die Kultusministerkonferenz einen bundesweit einheitlichen Rahmen zur Behandlung des Nationalsozialismus im Unterricht festgelegt, die Shoah darin jedoch nicht ausdrücklich erwähnt. Mein Lehrer, der nicht bemerkte, dass er die Klasse in eine Perspektive hineinsozialisierte, in der die Deutschen in erster Linie als Opfer des Nationalsozialismus erschienen, hatte vermutlich in den 80er-Jahren studiert, also in der Zeit, in der die gesellschaftliche Auseinandersetzung mit der Shoah gerade begonnen hatte. Er sprach oft darüber, wie wichtig Erinnerung sei und wie gut es sei, dass Deutschland sich diesem Kapitel seiner Geschichte so sorgsam zuwende. Die kollektive Auseinandersetzung mit der Shoah war 1979 durch die Ausstrahlung der amerikanischen Fernsehserie *Holocaust* ausgelöst worden, mein Lehrer muss zu diesem Zeitpunkt noch sehr jung gewesen sein. Stolz berief er sich auf die Errungenschaften von Studentenbewegung und Geschichtswerkstätten-Bewegung. In vielen Orten waren in den 80er-Jahren lokalhistorische Projekte, Initiativen und Laienpublikationen entstanden, die nach den Geschehnissen während des Nationalsozialismus fragten und oftmals Regionalgeschichte und -bewusstsein auf den Kopf stellten. Innerhalb dieses Gedenkens war es auch zu Auseinandersetzungen mit unterschiedlichen Opfer- und

Widerstandsgruppen gekommen. Landauf, landab entstanden in der Folge Gedenkstätten. Zur Geschichte der Geschichtswerkstättenbewegung gehört, dass die Initiativen oft jahrelang ehrenamtlich arbeiteten und im Zweifelsfall als »Nestbeschmutzer« diffamiert wurden.

Im Alltag schienen die angeblich schon lange selbstverständlichen Auseinandersetzungen mit dem Nationalsozialismus kaum Spuren hinterlassen zu haben. Meine Freundin und ich aßen einmal in der Woche bei Johannes zu Mittag, weil die Schule an diesem Tag so früh endete, dass uns niemand abholen konnte. Johannes' Eltern waren Bauern. Wenn wir dort mittags ankamen, war der Arbeitstag der Eltern schon zu Ende und der Vater saß auf dem geblümten Sofa im Wohnzimmer, dessen Fenster mit den weißen, gehäkelten Gardinen kaum Licht und niemals Luft hineinließen.

Der Vater hatte eine rote Nase. Wenn er nach seiner Frau rief, nannte er sie »Mutter«, ansonsten verstand ich ihn so wenig wie Johannes, wenn er in breitem Hessisch mit seinen Eltern sprach. Ich fürchtete mich vor dem Vater, der uns einmal verächtlich zwei Katzenbabys abgegeben hatte, bevor er die anderen in einer Tüte in den Fluss geworfen und ertränkt hatte.

Irgendwann, als wir in diesem Winter wieder einmal zum Mittagessen am Küchentisch saßen, erzählte Johannes einen seiner Witze. Meine Freundin lächelte verlegen – wie man eben lächelt, wenn man einen schlechten Witz erzählt bekommt.

»Jetzt bist du aber mal ruhig«, sagte der Vater, »den hast du ja schon dreimal erzählt, es nervt.«

»So was erzählt ihr in der Schule aber nicht, gelle? Da gibt's Ärger für solche Witze«, sagte die Mutter.

»Ich find sie auch nicht lustig«, bemerkte ich.

Es folgte ein langes Schweigen. Schließlich sah der Vater zu mir herüber. »Dass du dich für was Besseres hältst, wissen wir«, sagte er, »das musst du uns nicht erklären.«

Nicht nur im Alltag wurde die Erinnerung an den Nationalsozialismus abgewehrt. Zur Geschichte der Aufarbeitung gehört auch die Geschichte ihrer Verweigerung, wie sich auch in größeren gesellschaftlichen Zusammenhängen erkennen lässt. So gilt Richard von Weizsäckers Rede zum vierzigsten Jahrestag des Kriegsendes 1985 bis heute als historisch und hat Eingang ins kollektive Gedächtnis gehalten: Der damalige Bundespräsident hatte als Erster in dieser Funktion von der Befreiung Deutschlands durch die Alliierten gesprochen. Weitgehend vergessen aber scheint der Kontext, in dem diese Rede stand: Bundeskanzler Helmut Kohl hatte eine Kontroverse ausgelöst, als er – ebenfalls anlässlich des Jahrestages – als Zeichen der deutsch-amerikanischen Freundschaft zusammen mit dem amerikanischen Präsidenten Ronald Reagan ausgerechnet den Bitburger Soldatenfriedhof besuchte, auf dem nicht nur Wehrmachtssoldaten, sondern auch SS-Angehörige begraben sind. Ein Jahr später verglich der deutsche Kanzler den damaligen Generalsekretär des Zentralkomitees der Kommunistischen Partei der Sowjetunion, Michail Gorbatschow, mit Hitlers Reichsminister für Volksaufklärung und Propaganda, Joseph Goebbels.

Die Debatten zwischen Aufklärung und Verdrängung fanden auch in den Feuilletons Widerhall. 1986 veröffentlichte der Historiker Ernst Nolte einen Artikel in der *Frankfurter Allgemeinen Zeitung*, in dem er die nationalsozialistischen Konzentrationslager als Reaktion auf die sowjetischen Gulags deutete.[15] Nolte argumentierte, der Ursprung der Vernichtung läge nicht in Deutschland, und schrieb, die Beschäftigung mit dem Grauen habe dazu geführt, dass nur noch die Perspektive der Opfer und militärischen Sieger in der Öffentlichkeit vorkomme. Die Fokussierung auf die Shoah lenke von anderen Verbrechen der Nazis ab, Schuldzuweisungen gegenüber Deutschen würden nationalsozialistischen »Schuldzuweisungen« gegenüber Juden ähneln – Antisemitismus in akademisch geprägter Sprache.

Noltes Artikel löste eine heftige und kontroverse Debatte aus; gefordert wurde eine Historisierung der nationalsozialistischen Vergangenheit und ein Schlussstrich unter die Auseinandersetzung, da der Nationalsozialismus erst aus der Distanz tatsächlich verstanden und eingeordnet werden könne. Während Weizsäckers Rede (zu Recht) Eingang ins kollektive Gedächtnis fand, bleibt die Erinnerung an gegenläufige Tendenzen heute Expert:innen vorbehalten.

In diesem Winter las ich das Tagebuch von Anne Frank und bildete mir eine Art persönlichen Auftrag ein, das Schweigen über die Shoah zu durchbrechen. Wir hatten uns im Deutschunterricht gegenseitig Bücher vorgestellt, die wir gelesen hatten, und unsere Lehrerin hatte uns gefragt, ob wir nicht Lust hätten, uns mit einem der Bücher gemeinsam mit der ganzen Klasse intensiver zu beschäftigen.

Ich schlug vor, aus dem Tagebuch der Anne Frank eine Schultheateraufführung zu machen. Tagelang suchte ich Textstellen aus dem Tagebuch heraus, die sich meiner Meinung nach dazu eigneten, zu Szenen umgeschrieben zu werden. Lange dachte ich darüber nach, wie ich möglichst viele verschiedene Figuren in das Manuskript aufnehmen könnte, damit sich viele Kinder an der Aufführung beteiligen konnten. Meine Mutter half mir geduldig, tippte die Seiten auf dem Computer ab, wies mich auf Fehler und Lücken im Text hin, korrigierte.

Obwohl es so lange her ist, kriecht noch heute die Scham in mir hoch, wenn ich an diese Zeit denke. Es ist mir unerklärlich, wie ich so unbefangen, so angstfrei mit meinem Manuskript in den Unterricht gehen konnte. Wahrscheinlich dachte ich, es müsse gut sein, weil meine Mutter mich beim Schreiben unterstützt hatte; vielleicht war ich mir auch einfach der Anerkennung der Lehrerin sicher, weil ich viel Zeit investiert hatte. Mit dem, was dann kam, hatte ich nicht gerechnet.

Meine Lehrerin fragte zu Beginn der Stunde, ob ich bereit sei. Als ich bejahte, sagte sie: »Na, dann mal los!« Sie verließ ihren Platz und forderte mich auf, ihn einzunehmen.

In den ersten Minuten ging noch alles gut: Wir verteilten Manuskripte und Rollen und begannen zu lesen. Die Lehrerin hatte sich ganz nach hinten gesetzt und sprach mit zwei Jungen neben ihr, die keine Rollen hatten. Bald setzte sich ein Mädchen seinen Walkman auf, hörte Musik und machte Hausaufgaben. Einer las *Bravo.* Viele begannen, sich zu unterhalten. Ab und an stand jemand auf, lief durch den Raum und setzte sich wieder. Die Lehrerin schien die zunehmende Unruhe nicht zu bemerken. Nach wenigen Minuten war es so laut, dass niemand mehr verstand, was gelesen wurde. Ich stand vorne und bat darum, leise zu sein, meine Worte eiferten den routinierten Appellen unserer Lehrer:innen nach, ohne ihren Effekt zu erzielen.

Die Lehrerin tauchte aus ihrem Gespräch auf und rief:

»Ruhe, Leute!« Für einen Moment wurde es leise, wir lasen weiter. Plötzlich aber machte jemand einen Witz, den ich vorne nicht verstand, manche lachten, ein Mädchen sagte laut und ironisch: »Hey, jetzt seid doch mal leise, das ist doch alles so wichtig hier.« Noch mehr Kinder lachten.

Meine Lehrerin hatte mehrere Stunden für die Arbeit am Manuskript reserviert. Ich verbrachte schlaflose Nächte vor dem nächsten Unterricht. Ich wusste, dass es so weitergehen würde – und tatsächlich verlief die nächste Stunde noch schlimmer. Die Lehrerin hatte die Idee, den Unterricht wegen des guten Wetters draußen abzuhalten, also gingen wir hinaus auf den Hof. Hier war es weniger laut, die Klasse verteilte sich; diejenigen, die nichts zu tun hatten, saßen weit weg.

Irgendwann war nicht klar, was als Nächstes geschehen sollte. Ich hatte den Überblick verloren und sagte den anderen, dass ich etwas nachlesen müsse. Als ich vom Text aufsah, saß ich allein da, die anderen saßen einige Meter entfernt in kleinen Gruppen zusammen. Ich ging zu ihnen, konnte sie aber nicht dazu bewegen, weiter mitzumachen.

Im Rückblick frage ich mich, ob manche meiner Lehrer:innen sich selbst nicht ausreichend auseinandergesetzt hatten, um die Shoah im Unterricht behandeln zu können. In ihrer 2018 erschienenen Studie zur Lehre über den Holocaust an deutschen Universitäten haben die Wissenschaftlerinnen Verena Nägel und Lena Kahle gezeigt, dass insbesondere für Lehramtsstudierende bis heute nur wenige Vorlesungen und Seminare zum Holocaust angeboten werden. An 56 Prozent der 79 untersuchten Hochschulen, an denen Lehramtsstudierende Geschichte, Politik oder Germanistik belegen können, ist die Realgeschichte des Holocaust nur schwach oder überhaupt nicht vertreten; sie setzen sich also in ihrer Ausbildung bis heute nicht unbedingt mit ihr auseinander.

Vor der nächsten Deutschstunde passte ich die Lehrerin im Flur ab und bat sie, wieder zu übernehmen und nicht weiter am Skript arbeiten zu müssen. Sie war einverstanden – »wenn du das so willst«, wie sie ergänzte. Dann fügte sie hinzu: »Die anderen interessiert das nicht so wie dich, es ist eben auch lange her und ziemlich abstrakt für euch. Trotzdem danke!«

Der Unterricht über den Nationalsozialismus unterschied sich in meiner Schulzeit von anderen Unterrichtseinheiten; so, wie sich auch Sexualkunde von anderen Unterrichtseinheiten unterschied. Unser Sexualkundelehrer erklärte uns, dass dieser Unterricht wie jeder andere, dass alles normal sei. Niemand solle sich schämen, alle könnten alles fragen. Der Lehrer war schwul und sprach, wie der Lehrplan es verlangte, von Schwangerschaften und heterosexuellen Beziehungen. Wir kicherten und taten gelangweilt; ich hoffte vergebens, dass er uns etwas über Homosexualität erzählen würde. Die Hoffnung auf einen Tabubruch und die gleichzeitige Angst davor, das Warten darauf, dass endlich jemand das Eigentliche benennen würde, verbanden das Sprechen im Sexualkundeunterricht auf eigentümliche Weise mit den Stunden über den Nationalsozialismus.

Ich hatte angenommen, es habe grundsätzlich, vor allem aber unter Intellektuellen, Künstler:innen, Akademiker:innen oder Lehrer:innen, eine Auseinandersetzung mit dem Nationalsozialismus und der Shoah gegeben – so hatte ich es gelesen und im Fernsehen oder Radio gehört; so hatte ich es auch zu Hause in Gesprächen mit meiner Mutter und ihren Freund:innen erlebt. Bücher, die ich geschenkt bekam, thematisierten oft Lebensgeschichten von Menschen, die im Nationalsozialismus verfolgt worden waren. In meinem eigenen sozialen und schulischen Umfeld lernte ich eine andere Kultur kennen. Hatte ich mich anfangs noch bemüht, der Perspektive meines Lehrers zu folgen, als er uns erzählte, niemand habe von den Lagern gewusst, saß ich wenige Jahre später voller Misstrauen und Verachtung in den Schulstunden. Der Widerspruch zwischen den Welten, in denen ich mich bewegte, wurde immer größer.

5

Von Nazis und ihrer Wahrnehmung

Die Erwachsenen – Lehrer:innen, Nachbar:innen, Eltern – waren der Meinung, es gebe zwar Nazis in der Region, *aber nicht viele.* Und: *Wir leben in einer Demokratie, daran können auch die paar Nazis in der Wetterau oder wo auch immer nichts ändern.* So lautete der Tenor.

Für uns, die wir vor den Nazis Angst hatten, hätte es egal sein können, ob es viele Nazis waren oder wenige. Aber es war nicht egal.

Die Interpretationen der Erwachsenen waren *analytisch.* Wir hingegen waren *emotional,* wir hatten nur unsere Erfahrungen; Randnotizen im Text der Erwachsenen. An manchen Tagen glaubte ich selbst, dass das, was wir erlebten, nur ein Zufall war, untypisch für die Region, in der man eigentlich gut leben konnte. Vielleicht war ich tatsächlich eine, die ihre Erfahrungen zu wichtig nahm. Uns war ja eigentlich nichts passiert. Dann kippte ich gedanklich ins Gegenteil und war überzeugt, dass die Mehrheit der Erwachsenen die Gewalt verdrängte. Und dass ihre Gleichgültigkeit sie für sie verantwortlich machte.

Jahrelang bewegte ich mich innerlich zwischen diesen beiden Positionen: zwischen dem, was die Erwachsenen sagten, und dem, was ich sah; unfähig, eine eigene Haltung zu entwickeln. Nur in einem war ich mir sicher: dass alles *meine* Schuld war. Hätte ich meiner Freundin nicht von meiner Familie erzählt, hätten die Nazis uns nicht zu ihren Feind:innen gemacht. Diese Gewissheit blieb mein innerstes Geheimnis. Aus Scham, ihre Reaktionen auf uns verursacht zu haben, sprach ich nicht über Dorf-Nazis. Und mit der Zeit verblassten die Erinnerungen. Zurück blieb eine Aversion, aufs Land zu fahren, und die Angewohnheit, in Häusern und Straßen zu leben, in denen auf Klingelschildern nicht zu viele deutsche Namen standen.

Viele Jahre später arbeitete ich in der Rechtsextremismus-Prävention. Ich lernte Überlebende von Überfällen kennen, Gastronom:innen, die ihre Existenz durch neonazistische Brandanschläge verloren hatten, und verzweifelte Eltern, deren Kinder nicht mehr schlafen konnten, nachdem eine Gruppe Nazis mit Fackeln vor die Geflüchtetenunterkunft gezogen war, in der sie lebten. Oft lag den Menschen, mit denen ich sprach, dieses Lächeln der Unsicherheit auf den Lippen, an dem ich zu erkennen meinte, dass sie selbst kaum glauben konnten, wovon sie erzählten. Wenn Gewalt einbricht, ohne Vorankündigung, grundlos, gleichgültig gegenüber der Frage, wen sie trifft, dann lässt sie die Betroffenen oft mit Zweifeln an der eigenen Wahrnehmung zurück. Sie fragen sich, ob das, was sie erlebten, wirklich so passiert ist. Ob es wirklich so schlimm war, ob sie das Geschehene hätten verhindern können, hätten sie sich anders verhalten, anders ausgesehen, anders angezogen, anders gesprochen.

Wenn rechtsextreme Gewalt ins Leben einbricht, wird eine grundlegende Vorstellung über zwischenmenschliches Zusammenleben zerstört: die Vorstellung, dass uns nicht einfach so, nicht grundlos zugesetzt wird. Manche, denen ich begegnete, waren sprachlos zurückgeblieben. Geflüchtete und Migrant:innen leiteten Gespräche mit langen Erklärungen ein, in denen sie ihre Dankbarkeit bezeugten, in Deutschland leben zu dürfen, und mit noch längeren Erklärungen darüber, dass nicht *alle Deutschen* so seien. Als müssten sie sich dafür entschuldigen, auszusprechen, was ihnen geschehen war.

Die Ohnmacht, die damit einhergeht, immer wieder Zeugin von Gewalt zu werden und sie nicht verhindern zu können, war schon meine ständige Begleiterin geworden, als Nazis schließlich begannen, auch mich selbst zu bedrohen. Ich plante ein Vernetzungstreffen von Initiativen, die gegen Nazis arbeiteten, in einer rechtsextremen Siedlung in Mecklenburg-Vorpommern. Mehrere Kolleg:innen fragten früh, ob wir das Treffen nicht an einem anderen Ort abhalten sollten – irgendwo, wo es sicherer sei. Da sagten andere und auch ich: »Wir sollten uns *gerade dort* treffen.« Es ist mir heute unangenehm, wie gut ich mich damals fühlte, wenn ich solche hölzernen Sätze sagte. »Es kann nicht sein, dass es Dörfer gibt, in die sich Demokrat:innen nicht trauen. Wir zeigen, dass wir keine Angst haben.« Einer in der Runde, in der wir damals saßen, meinte sogar, der Ort sei ein besonders sicherer Treffpunkt, da die Polizei genau wisse, wer verantwortlich zu machen sei, *falls* etwas geschehen sollte.

Der eigentliche Fehler passierte später, nach der Auswahl des Ortes. Nach monatelangen Planungen leitete ich Daten und Informationen über das Vernetzungstreffen per E-Mail an die Polizei weiter. Auch darüber hatten wir lange diskutiert. Einige hatten schlechte Erfahrungen mit der Polizei gemacht. Besonders die Älteren, die die 90er-Jahre noch gut im Gedächtnis hatten, waren vorsichtig. Manche verwiesen auf den NSU, auf den Mord an Oury Jalloh[16], die fehlende Aufarbeitung rechten Terrors der 80er-Jahre. Versatzstücke eigener Erfahrungen und der Geschichte von Polizei und Sicherheitsbehörden verdichteten sich zu einem Generalverdacht. Man wusste ja, dass das BKA als faktische Nachfolgeorganisation des Reichskriminalpolizeiamtes durch hochrangige Angehörige der SS gegründet worden war. Dass der BND vom Nazi Reinhard Gehlen aufgebaut und bis 1968 von ihm geleitet wurde. Dass die Geheimdienste von 1953 bis 1963 von Hans Globke, dem Chef des Bundeskanzleramts, koordiniert wurden, der schon dem NS-Reichsinnenministerium als Kommentator der Nürnberger Gesetze und Verfasser der Namensänderungsverordnung von 1938 gedient hatte.

Andere sagten: Die Vorstellung, dass in der Polizei und den Geheimdiensten überall Nazis säßen, sei doch übertrieben. Rufe nach Differenzierung wurden laut. Ich nahm an der Diskussion teil und verstand die einen wie die anderen. Ich glaubte denen, die dagegen waren, die Polizei zu kontaktieren, und ich glaubte denen, die ihnen widersprachen. So, wie ich mir selbst glaubte und nicht glaubte, wenn es um die Frage ging, ob mein eigenes Wissen Relevanz für die Beurteilung gesellschaftlicher Strukturen hatte. Am Ende leitete ich, noch immer unentschieden, die Informationen an die Polizei weiter; ich war auf dem Sprung zu einem Treffen im nahe gelegenen Park. Es war gutes Wetter.

Bei meiner Rückkehr fand ich die E-Mail einer Kollegin in meinem Posteingang mit einem Link: Die Informationen, die ich an die Polizei geschickt hatte, waren – zusammen mit einem Kommentar – auf einer rechtsextremen Webseite veröffentlicht worden. »Die Veranstalter« – damit waren meine Kolleg:innen und ich gemeint – »freuen sich offensichtlich über Besuch, wir sind sicher, diese Freude könnt ihr ihnen bescheren. Anbei deshalb ihre Adresse«, hatte jemand über meine E-Mail geschrieben. Von diesem Tag an standen fast täglich Nazis vor unserem Büro.

Ich schämte mich, weil ich die Informationen an die Polizei weitergeleitet hatte; ich schämte mich, die Polizei zu verdächtigen; und ich schämte mich für meine Angst vor den Nazis, die zwar vor dem Gebäude standen und mir manchmal zum Bahnhof nachliefen, mich aber nicht angriffen. Einmal schafften sie es ins Innere des Gebäudes. Ein Büronachbar verständigte die Polizei, die daraufhin kam und mich befragte. Danach fuhr eine Streife immer dann am Gebäude vorbei, wenn gerade keine Nazis da waren. Sicher ein Zufall, bestätigten meine Kollegin und ich einander.

Die Scham, die ich jetzt als Erwachsene empfand, warf mich zurück in die Zeit, in der ich sie die ersten Male gefühlt hatte. Ich hatte sie gespürt, als wir vor den Nazis weggerannt waren; und sie hatte meine Versuche begleitet, die Geschichte meiner Familie mit dem öffentlichen Sprechen über die Aufarbeitung des Nationalsozialismus in Verbindung zu bringen. In der Schule hatte ich gelernt, dass meine Wahrnehmung und die Erinnerungen meiner Familie keine Bedeutung für die Beurteilung deutscher Gesellschaft und Geschichte hatten.

In den Erzählungen meiner Lehrer:innen war das Jahr 1945 als Stunde null, als Neuanfang der Geschichte erschienen: Die Bundesrepublik hatte in ihrer Perspektive nichts mit dem zu tun, was vorher geschehen war. Im Alltag blieben familiale Erzählungen von der Geschichte des

Nationalsozialismus getrennt – wenn über Bombennächte, Flucht oder traumatisierte Soldaten gesprochen wurde, erschienen diese Geschichten als enthistorisierte Opfer- und Kriegsgeschichten, die nur selten auf den spezifischen Kontext des Nationalsozialismus deuteten. Die Opfer, sagten meine Lehrer:innen, hätten im Nationalsozialismus leiden müssen, seien aber nach dem Krieg entschädigt worden. Mehr erfuhren wir nicht.

Meine Mutter dagegen erzählte immer wieder von den Akten aus dem »Wiedergutmachungsverfahren« meiner Urgroßmutter Lola, die zu Beginn der 50er-Jahre eine Entschädigung beantragt hatte. Vor ihrer erzwungenen Auswanderung 1939 hatte sie ihren Hausrat in große, »Lifts« genannte Container verpackt: ihre Möbel, ihre Bibliothek, Hausrat, eine Reihe von Kunstwerken. Ihr Hab und Gut hätte ihr in die Emigration nachgeschickt werden sollen, war aber nie in London angekommen. Nach dem Krieg hatte Lola herausgefunden, dass die Lifts 1944 beschlagnahmt worden waren: Der Inhalt sollte zugunsten des »Deutschen Reiches« versteigert werden. Ob es zu dieser Auktion gekommen war, wusste niemand, die Spur der Container verlor sich in einem Lager der NS-Finanzverwaltung am Ufer der Spree.

Scham entsteht wohl, wenn man sich unangemessen und entgegen sozialen Erwartungen verhält. Als wir im Schulunterricht über die Erlebnisse unserer Familien in der Nachkriegszeit sprachen, war ich nicht einmal auf die Idee gekommen, von meiner Urgroßmutter zu erzählen – ihre Geschichte hätte die Erwartungen meines Umfelds gestört. Nachdem Lola ihren Antrag auf Entschädigung gestellt hatte, musste sie sich rechtfertigen: Waren die Bücher tatsächlich so wertvoll, wie sie es behauptete? Konnten es wirklich so viele gewesen sein? Waren die Lifts nicht nur deshalb beschlagnahmt worden, weil Lola die vor der Ausreise fälligen Zwangsabgaben nicht bezahlt hatte? Jüd:innen hatten das »Reich« 1939 nicht ohne Bezahlung der Reichsfluchtsteuer, der Judenvermögensabgabe und der Dego-Abgabe (die Dego war die Deutsche Golddiskontbank) verlassen können, aber daran konnte sich der Gegner im Verfahren meiner Urgroßmutter, der Finanzsenat von Berlin, acht Jahre nach dem Krieg offenbar nicht mehr erinnern.

Der Nationalsozialismus hatte tiefe Spuren in der Verwaltung der Bundesrepublik hinterlassen. Durch das *Gesetz zur Wiederherstellung des Berufsbeamtentums* (1934) und das *Deutsche Beamtengesetz* (1937) war »Nichtariern« eine Beschäftigung im öffentlichen Dienst verboten und das Beamtentum an die NSDAP gebunden worden. In der Bundesrepublik konnten auf Grundlage von Paragraf 131 des Grundgesetzes und des 1951 verabschiedeten *Gesetzes zur Regelung der Rechtsverhältnisse der unter Artikel 131 des Grundgesetzes fallenden Personen* auch diejenigen, die in 1945 aufgelösten Dienststellen gearbeitet hatten, wieder ihre Amtsbezeichnungen tragen und im öffentlichen Dienst beschäftigt werden – darunter auch durch Entnazifizierungsmaßnahmen arbeitslos gewordene Beamte. Gleichzeitig stellten großzügige Gesetze zur Amnestie vor 1949 begangene Delikte straffrei. All diese Gesetze sorgten in vielen gesellschaftlichen und politischen Strukturen für personelle Kontinuität.[17]

Während man sich in der Öffentlichkeit, die ich in erster Linie durch die Schule kannte, angesichts der gelungenen Abgrenzung zum Nationalsozialismus selbstbewusst zeigte, lernte ich zu Hause durch die Erzählungen meiner Mutter und später durch Bücher, wie der Nationalsozialismus noch bis in meine Lebenszeit nachwirkte. So konnten Anträge auf Entschädigung nur bis 1969 gestellt werden. Viele Überlebende führten infolge des Nationalsozialismus ein Leben in Armut. Die in den 50er-Jahren erlassenen Entschädigungsgesetze bevorzugten Kriegsopfer, Vertriebene und Beamte. Im Ausland lebende Opfer des Nationalsozialismus sowie Homosexuelle, Zwangssterilisierte, Sinti und Roma waren von den gesetzlichen Entschädigungen ausgeschlossen. Oft wandten sich Überlebende erst gar nicht an die Landesentschädigungsämter. Für die, die es taten, war es eine Tortur, wenn ihnen Beamte gegenübersaßen, die ihre Verfolgungsgeschichten infrage stellten.

Doch nicht nur das – in vielen Bereichen wirkten Gesetze aus dem Nationalsozialismus oder ihre Folgen bis in die Gegenwart nach. Die andauernde rassistische Ausgrenzung von Sinti und Roma der Gegenwart gründete nicht zuletzt auf den nach wie vor gültigen Verurteilungen aufgrund der *Volksschädlingsverordnung* von 1939; erst ab 1998 wurden die Urteile aufgehoben. Paragraf 175 StGB, mit dem Homosexuelle verfolgt wurden, wurde 1969 zwar reformiert, aber erst 1994 ersatzlos gestrichen; Verurteilungen nach § 175 wurden erst 2002 annulliert. Man ging mit den Verfolgten um wie mit Menschen zweiter Klasse.

Was ich als Jugendliche erlebte, verdichtete sich in mir zu der Wahrnehmung, es gäbe zwei Welten: die, in der ich lebte, und so etwas wie die *eigentliche* Welt, für die mein Erleben keine Bedeutung hatte. Im Unterricht und in Gesprächen der Erwachsenen hörte ich aus der *eigentlichen* Welt, doch was ich in der Schule lernte, kollidierte oft mit dem, was ich zu Hause wahrnahm. Ich lernte mit der Zeit nicht nur etwas über die Kontinuitäten des Nationalsozialismus, sondern gleichzeitig, dass dieses Wissen wie ein Geheimnis zu behandeln war. Erst später bewegte ich mich in Kontexten, in denen ich es mit den anderen teilte. Und erst durch meine Konfrontation mit Rechtsextremismus als Erwachsene konnte ich dieses Wissen als Ressource, nicht als Makel verstehen.

Als die Nazis 2014 zum ersten Mal vor dem ungesicherten Gebäude standen, saß ich bei geöffnetem Fenster an meinem Schreibtisch im Büro. Ich hörte eine verzerrte Gitarre, jemand grölte über den Platz, ich verstand nur »Deutschland!«. Die Nazis hatten Musik angemacht, um auf sich aufmerksam zu machen. Ich schlich die Treppe hinunter, verriegelte die Tür mit dem schweren Holzbalken, schlich zum Hinterausgang und schloss ab.

Sie kamen immer wieder. Ich machte eine Sicherheitsberatung, während der mir empfohlen wurde, beim Verlassen des Gebäudes nicht auf mein Handy zu blicken, um eventuelle Angreifer sofort zu sehen. Wenn ich vom Büro zum Bahnhof lief, wechselte ich mehrmals die Straßenseite, um zu jedem Zeitpunkt neben Wohnhäusern zu laufen, an deren Klingeln ich läuten könnte. Ich las Kennzeichen von Autos, die mir entgegenkamen, um eventuelle rechtsextreme Buchstaben- und Zahlencodes rechtzeitig zu erkennen.

Bedrohungen verunsichern den Alltag, und sie sind demütigend. Was mich beschäftigte, war die Frage, ob ich eine intellektuelle Kontrolle erlangen könnte: Konnte ich lernen, die Situation realistisch einzuschätzen? Mit der Bedrohung umzugehen und ihren Einfluss auf mein Verhalten nicht größer werden lassen, als es sein musste. Ich wechselte die Straßenseite auch dann, wenn niemand zu sehen war. Und versuchte, mich auf meine Arbeit zu konzentrieren.

Fortan lud ich die lokale Antifa anstelle der Polizei

ein, wenn ich Veranstaltungen sichern wollte. Einmal kam trotzdem ein Polizist vorbei. Er verlangte die Ausweise der Aktivist:innen, die neben dem Eingang auf dem Boden saßen, um Nazis, die in die Veranstaltung wollten, abzuweisen. Als ich den Polizisten bat, sich um die Nazis zu kümmern und nicht um die Antifa, entgegnete er, ihm seien die Namen der Nazis bekannt. Man sei vielleicht politisch nicht einer Meinung, aber die »Jungs« wüssten sich immerhin zu benehmen. Während wir noch diskutierten, setzte sich ein NPD-Kader neben den Eingang, um darauf zu achten, von wem unsere Praktikantin Fotos machte. »Für eine Einschätzung der Gefährdungslage« brauche er die Personalausweise der Antifa, sagte der Polizist. Die Linken müsse man bekanntlich ebenso gut überwachen wie die Rechten.

Ein paar Tage nach der Veranstaltung fragte mich ein Journalist, ob ich Angst habe. »Nein«, antwortete ich ihm routiniert. Doch er glaubte mir nicht. Der Journalist war auf Rechtsextremismus spezialisiert, er hatte Artikel und Bücher veröffentlicht, ich kannte seine Arbeit und vertraute ihm fachlich. Ich erzählte ihm von einer Kommunalpolitikerin, der in einem Interview der Satz herausgerutscht war, sie habe in der Zeit, in der sie bedroht wurde, kaum mehr schlafen können. Der Satz war so gedruckt worden, ohne Kommentar oder Einordnung. Den starken, martialischen Nazis hatte damit in der Reportage eine eingeschüchterte, verzagte Politikerin gegenübergestanden. Danach kamen sie öfter; sie hatten verstanden, dass ihre Strategie erfolgreich gewesen war. Die Politikerin hatte mir erklärt: »Egal, was du sagst, du darfst in Anwesenheit von Journalist:innen niemals das Wort ›Angst‹ benutzen.«

»Wenn ihr nicht über eure Angst redet, dann wird

niemand den Terror verstehen, der von Nazis ausgeht«, erwiderte der Journalist nüchtern. »Dann kann niemand darüber schreiben, und dann werden alle, die diese Angst spüren, sich weiter alleine fühlen.«

Als die Nazis zum ersten Mal vor der Haustür unseres Projektbüros gestanden hatten, war mir in dem Moment, in dem ich den Holzbalken vom Boden aufhob, bewusst gewesen, dass ich allein im Gebäude war und die Nazis nur zwei Meter von mir entfernt standen. Der Journalist hatte recht. Dennoch passte mir seine Frage nicht, Angst war sozusagen nicht mein Thema. Sie gehörte schon so lange zu meinem Leben, dass sie ein »natürlicher« Teil der Realität geworden war. In der Zeit, als ich am meisten Angst gehabt hatte, war sie von anderen nicht ernst genommen worden. Aus dieser Erfahrung war eine Suche entstanden, die mich später in die Arbeit gegen Rechtsextremismus geführt hatte.

Etwa zehn Jahre, nachdem ich in Hessen vor den Nazis weggerannt war, begann ich während meines Studiums erst als Praktikantin, später als Honorarkraft für NGOs zu arbeiten. Die Strukturen, in denen ich mich fortan bewegte, waren von anderen in der Zeit erkämpft worden, in der ich gedacht hatte, ich sei allein. Nicht nur Rechtsextremismus, auch die Arbeit *gegen* Rechtsextremismus hatte längst eine Geschichte. 1998 war die Amadeu Antonio Stiftung gegründet worden, im Jahr 2000 war es dem Brandenburger Verein Opferperspektive gelungen, die bundesweit erste Beratungsstelle für Betroffene rechter Gewalt zu eröffnen. Weitere Beratungsstellen folgten in den Jahren darauf, zunächst ausschließlich in Ostdeutschland. Auch die Bundesprogramme gegen Rechtsextremismus wurden eingerichtet, mit denen mittlerweile seit etwa zwanzig Jahren Projekte gegen Rechtsextremismus finanziert werden.

Zu meinen ersten Aufgaben als Praktikantin in der Amadeu Antonio Stiftung hatte gehört, die Opferstatistiken rechter Gewalt zu aktualisieren. Tagelang saß ich versteinert vor dem Computer und las Berichte von Opferberatungsstellen und Journalist:innen. Es waren vor allem die unzähligen kleinen, alltäglichen Erzählungen von Angriffen, Hetzjagden und Bedrohungen, die meine eigenen Erinnerungen wachriefen. Fast überall stieß ich in diesem Umfeld auf Menschen, deren Gesichtszüge erstarrten, wenn sie über ihre Begegnungen mit Nazis als Jugendliche in den 90ern sprachen. Dass ihre – und meine – Geschichten nicht zu den Erzählungen der Erwachsenen oder in der Schule gepasst hatten, hatte offenbar an ideologisch verzerrten Wahrnehmungen gelegen, nicht an mir.

Unsere Erfahrungen hatten nicht in den nationalistischen Großrausch gepasst, der 1989/90 gekonnt von der CDU inszeniert worden war. »Tragisch« hatte Bundeskanzler Helmut Kohl den rechtsextremen Anschlag von Mölln 1992 genannt, als seien die Feuer durch einen Blitz und nicht durch Molotowcocktails entstanden. Drei Tote, mehrere Schwerverletzte, doch Kohl ging nicht zur Trauerfeier – man wolle keinen »Beileidstourismus«, wie der Pressesprecher der Bundesregierung erklärte. So schrecklich das Ganze war, für die *eigentliche* Welt hatte es keine Bedeutung. Entsprechend fuhr Kohl auch nicht zur Trauerfeier für die Opfer des rechtsextremen Brandanschlags von Solingen (1993). Nach Rostock-Lichtenhagen hörte man insbesondere aus der CDU Verurteilungen des Pogroms, die mit Verständnis für die Täter:innen einhergingen und darauf hinausliefen, den Opfern die Schuld zuzuschreiben.

Die politischen Reaktionen auf Nazis legten in den 90er-Jahren den Fokus auf die Perspektiven der Täter:innen: Ihr

Verhalten wurde mit ihren schwierigen Lebenssituationen der Nachwendezeit erklärt und oft genug entschuldigt. Man hatte nicht gelernt, Nazis als solche wahrzunehmen, noch weniger hatte man gelernt, sie auszugrenzen. Lieber wollte man mit ihnen reden, sie verstehen, etwas über sie erfahren. Die Bundesregierung führte 1991 das Bundesprogramm AgAG (Aktionsprogramm gegen Aggression und Gewalt) in den neuen Bundesländern ein, mit dem Projekte gefördert wurden, die die rechtsextreme Szene befrieden sollten. Die innerhalb von AgAG durchgeführten Maßnahmen reichten bis zur Finanzierung von Reisen für jugendliche Nazis – und stellten vielerorts eine Ressource für die neu entstehenden rechtsextremen Netzwerke dar. Der NSU hatte sich in einem durch das Programm geförderten Jugendklub kennengelernt. Schon kurz nach seiner Einführung geriet das Programm AgAG in die Kritik, weil es den rassistischen Hintergrund rechter Gewalt ausblendete und sie entpolitisierte. »Glatzenpflege auf Staatskosten« wird das berüchtigte Programm von seinen Kritiker:innen bis heute ironisch genannt.

Als ich Anfang der 2010er-Jahre, etwa zwanzig Jahre nach dem Pogrom von Rostock-Lichtenhagen, begann, in Mecklenburg-Vorpommern zu arbeiten, fischte ich an meinem ersten Arbeitstag im Büro einen Brief aus dem Briefkasten, dem Kondome beigelegt waren. Ich las, ich solle sie benutzen, um den Volkstod aufzuhalten und meine Gene nicht weiterzugeben. Das Schreiben war vom Büro der NPD abgeschickt worden, wo die Partei auch kostenfreie Sozialberatung anbot.

Regelmäßig fuhr ich von nun an mit unserem kleinen Team zu Terminen in Bildungseinrichtungen, Verwaltungen oder in Vereinen, wir boten Workshops und Fortbildungen zu Rechtsextremismus an, organisierten Podien oder Konferenzen. Die ostdeutschen Anti-Nazi-Initiativen standen völlig vereinzelt Verwaltungen und Mehrheiten gegenüber, die die Nazis leugneten; immer wieder wurden sie für ihr Engagement als »Nestbeschmutzer« diffamiert.

Oft begegnete ich Leuten, die der Meinung waren, Ostdeutschland würde in den Medien stigmatisiert und die Bedeutung von Rechtsextremismus übertrieben. »Was weißt du schon«, entgegneten sie, wenn ich widersprach. »Du bist aus dem Westen, aus Berlin, ihr wisst ja eh immer alles besser.« Und: »Die DDR war ein antifaschistischer Staat, da ging es dauernd um Nazis.« In der Schule in der DDR hätten sie ständig Bücher über Nazis lesen müssen, ständig seien sie gezwungen worden, in Gedenkstätten zu gehen, deshalb wollten sie jetzt nichts mehr vom Faschismus hören. Das sagten auch die, die nach der Wende geboren worden waren. Im Osten, so verstand ich bald, glaubte man genauso fest an die Selbstsicht der DDR, wie man im Westen an die Erzählungen der alten BRD glaubte.

Ich kannte die Erzählungen über die Hoffnungen, die DDR zu einem neuen, antifaschistischen Deutschland zu machen, natürlich von zu Hause. Hohe politische Positionen waren in der jungen DDR oft mit Remigrant:innen besetzt worden. Das galt insbesondere für den kulturellen Bereich, dem eine maßgebliche Rolle für die Entwicklung der sozialistischen Gesellschaft zugedacht war. Johannes R. Becher, erster Präsident des Kulturbundes und Kulturminister der DDR, hatte sich gezielt darum bemüht, aus Deutschland geflohene Künstler:innen zur Rückkehr zu bewegen und wichtige Positionen in Kultur und Kunst mit ihnen zu besetzen – eine Idee, die aus der Perspektive westdeutscher Geschichte fast utopisch erscheint. Arnold Zweig leitete ab 1950 die Akademie der Künste, Anna Seghers ab 1952 den Schriftstellerverband, Walter Czollek ab 1954 den Verlag Volk und Welt.

Die Besetzung kulturpolitischer und kultureller Institutionen mit jüdischen Remigrant:innen hatte Folgen. So manche Bücher jüdischer Autor:innen wurden früher in der DDR verlegt als in der BRD. Schon in den 50er-Jahren wurden Spielfilme gedreht, die die Shoah thematisierten. Die Erzählungen der Überlebenden und kommunistischen Widerstandskämpfer:innen wurden zum wesentlichen Teil der Kultur der DDR.

Zugleich behinderten und zerstörten Ideologie und Zensur die Produktion von Literatur und Kunst. Es entstanden ideologisch wie stilistisch überformte Kunstwerke, die den kommunistischen Widerstand fokussierten. Der antisemitische Kern des Nationalsozialismus wurde heruntergespielt, die Shoah als eine Art Unterkapitel des Faschismus verstanden. Die staatliche Ideologie sah die DDR als Bruderstaat der siegreichen Sowjetunion; hatten sich viele ihrer jungen Bürger:innen Ende der 40er, zu Beginn der 50er noch als vom Faschismus Verführte wahrgenommen, begegnete ihnen die staatliche Propaganda mit dem im Lauf der Jahre immer klarer konturierten Bild von den »Siegern der Geschichte« – ganz so, als hätten sie und ihre Väter an der Seite der Roten Armee den Reichstag gestürmt. Regionale Initiativen, die sich in der BRD ab den 80er-Jahren gründeten, um die lokale Geschichte des Nationalsozialismus aufzuarbeiten, gab es in der DDR kaum.

Zu Hause waren die Erzählungen über den Antifaschismus der DDR stets von der Resignation über sein Scheitern begleitet gewesen. Die Anerkennung der Remigrant:innen war in der DDR schon ab den 50er-Jahren in vielen Fällen in Überwachung und Verfolgung umgeschlagen. In der Sowjetunion kam es ab 1948 zu antisemitischen Schauprozessen, in denen es um vermeintliche Verschwörungen gegen die Sowjetunion beziehungsweise Stalin ging. In der DDR wurde der Remigrant Paul Merker 1952 vor dem Hintergrund antisemitischer Säuberungen verhaftet und 1955 wegen Unterstützung jüdischer Forderungen nach Wiedergutmachung zu einer achtjährigen Gefängnisstrafe verurteilt; das Ministerium für Staatssicherheit hatte zuvor vergeblich versucht, ihm eine jüdische Herkunft nachzuweisen.

Der Prozess gegen Merker blieb nicht der Einzige seiner Art. In der DDR nahmen diese Prozesse zwar längst nicht das Ausmaß der Verfolgung wie in der Sowjetunion an und wurden oftmals eingestellt. Dennoch hat es auch dort Anfang der 50er-Jahre auch in der DDR eine antisemitische Verfolgungswelle, Prozesse und Fluchten gegeben. Die Perspektiven der Überlebenden, die blieben, und ihrer Nachkommen sind der ostdeutschen Mehrheit bis heute so unbekannt geblieben, wie sie es zu Zeiten der DDR waren.

Die Gegend, in der ich nun arbeitete, erschien mir wie ein Buch, in dem ich meine eigenen Erfahrungen spiegelverkehrt nachlesen konnte. Auch hier wurden die Erzählungen der Betroffenen rechter Gewalt als störend empfunden, als unglückliche, aber untypische Einzelfälle. Da war das Kind, das morgens kotzte, wenn es zur Schule gehen sollte; es war auf dem Schulweg rassistisch beleidigt und bespuckt worden. Im Rathaus war man besorgt über das Ansehen der Kleinstadt und wütend, weil Aktivist:innen aus der lokalen Migrantenselbstorganisation die Geschichte des Kindes einer Journalistin erzählt hatten. Die Sorge, die Region würde stigmatisiert, war die Sorge der Mehrheit, die die Betroffenen allein ließ. Auch hier waren Nazis eine Minderheit, die durch das Herunterspielen ihrer Gewalt an Macht gewann.

In einer Fortbildung, die meine Kollegin und ich zum Umgang mit Rechtsextremismus gaben, saßen mehrere Lehrer:innen, die sich gegen Stigmatisierungen wehrten; auch wollten sie nicht mit dem Jugendamt über den Schüler sprechen, der jeden Morgen mit Steinen im Rucksack mit seinem rechtsextremen Vater joggen musste – zur »Abhärtung«, wie der sagte. »Wenn der Staat nichts dagegen hat, was wollen Sie dann von uns?«, fragte mich ein älterer Lehrer. »Ich bin nur Lehrer«, erklärte er, »ich mache die Regeln nicht.«

Meine Kollegin versuchte, den Blick auf die Jugendlichen und Familien zu lenken, die sich vor der Präsenz der Nazis fürchteten. »Zu fürchten braucht sich hier keiner«, lachte der Lehrer da, »wenn die was machen, greifen wir durch! Und es sind ja Ausnahmen. Bitte nicht übertreiben.«

Ein Jugendlicher hatte schon mal den Holocaust im Unterricht geleugnet, erzählte er uns in der Pause. »*Das* ist verboten«, sagte der Lehrer, und dass er da die Polizei gerufen habe.

Ich erfuhr, dass der Vater, der seinen Sohn mit Steinen im Rucksack joggen ließ, mittwochabends zusammen mit dem Lokaljournalisten Skat spielte. Das sei sein Privatleben, sagten die Lehrer, zum Glück reguliere man so etwas nicht mehr wie in der DDR. Ob ich denn wolle, dass es die Stasi wieder gebe, fragte man mich; ob ich überhaupt wisse, was das für sie bedeutet habe, dieser Staatsterror. Die Lehrer:innen hatten sich durch unsere Fragen angegriffen gefühlt, nun holten sie zum Gegenangriff aus.

Rechte Gewalt und Ideologie geraten – unterbrochen von Phasen medialer Aufmerksamkeit – immer wieder aus dem öffentlichen Blick. Nach der Selbstenttarnung des NSU 2011 gab es öffentliche Debatten darüber, woher die Gewalt und die Zustimmung zu rechter Ideologie kämen; dann flachte das öffentliche Interesse am Thema Rechtsextremismus wieder ab – bis zur Entstehung von Pegida (2014) und den parlamentarischen Erfolgen der AfD. Erneut kam es danach zu einer Fokussierung auf Anliegen und Perspektiven der Täter und ihrer Sympathisant:innen: Die Betroffenen der Gewalt – in erster Linie Geflüchtete – wurden verantwortlich für die Eskalationen gemacht und das Asylrecht 2015 und 2016 unter dem Vorwand beschnitten, die Bevölkerung wünsche es so.[18]

Da Rechtsextremismus immer wieder aus der medialen und politischen Aufmerksamkeit verschwindet, entsteht regelmäßig der Eindruck, es handle sich um ein jeweils neu entstandenes Phänomen, das hinreichend mit aktuellen Ereignissen erklärt werden könne. Eine ganz andere Perspektive eröffnet dagegen die Studie des Münchener Professors Davide Cantoni aus dem Jahr 2019, in der er die Wahlergebnisse der AfD bei der Bundestagswahl 2017 in den 11 000 deutschen Gemeinden untersuchte und mit den Ergebnissen der NSDAP in den Jahren 1928, 1930 und 1933 verglich.[19] Ergebnis: Dort, wo viele Menschen NSDAP gewählt haben, wählen heute viele Menschen AfD. Die Studienergebnisse deuten auf Kontinuitäten, nicht auf einen Rechtsruck.

2017 – etwa drei Jahre nachdem die Besuche der Nazis vor meinem Büro begonnen hatten – flog die Gruppe *Nordkreuz* auf, eine Vereinigung von Nazis, die Namenslisten von Linken und linken Gruppen führt und sich mit Waffen und Munition auf den Tag vorbereitet, an dem »das System« zusammenbricht. Nordkreuz ist Teil des bundesweiten, aus Kriminalpolizisten, SEK-Angehörigen, Richtern, Verfassungsschutzmitarbeitern und Reservisten bestehenden rechtsextremen *Hannibal*-Netzwerkes. Einer der drei leitenden Nordkreuz-Angehörigen war in der Polizeiinspektion tätig, mit der ich zusammengearbeitet hatte. Ihm wurde vorgeworfen, seinen Dienstcomputer genutzt zu haben, um Privatadressen von »Linken« herauszufinden. Seit den Zeitungsartikeln über Nordkreuz frage ich bei der lokalen Antifa nach, ob sie Nazis in der örtlichen Dienststelle vermuten, bevor ich die Polizei anrufe.

Erst ein paar Tage nach dem Gespräch mit dem Journalisten war mir klar geworden, warum ich mich sträubte, über Angst vor Nazis zu sprechen. Mein Thema war nicht Angst, sondern Resignation. Angst ist die Reaktion auf ein strukturelles, gesellschaftliches Problem, aber es ist nicht das Problem selbst. Viele Menschen hätten weniger Angst, wenn Rechtsextremismus als gesellschaftliches Problem kontinuierlich ernst genommen und politisch entsprechend gehandelt worden würde. Wenn wir Sicherheitsbehörden und Polizei vertrauen könnten. Am Abend des Terroranschlags von Halle im Oktober 2019 hielt Bundespräsident Frank-Walter Steinmeier eine Rede. Als Chef des Bundeskanzleramts war Steinmeier von 1999 bis 2005 auch Chef der Geheimdienste; in seiner Amtszeit hat der NSU sieben Menschen ermordet und zwei Sprengstoffanschläge verübt. Nun zeigte er sich erschüttert. Er sagte, das Ausmaß des Rechtsextremismus habe niemand geahnt.

6

Großvater auf der Treppe

Thomas war Autor und Literaturwissenschaftler, er kannte sich aus und war ein Netzwerker, der mit anderen Männern netzwerkte, die sich auskannten. Er besaß mehr Bücher als die Bibliothek der Kleinstadt, zu der das Dorf gehörte, in dem wir Mitte der 90er-Jahre lebten. Er sagte, man solle Rezensionsexemplare mit in die Badewanne nehmen – schließlich sei es der beste Beweis für die Qualität eines Buches, wenn man nicht merke, dass das Wasser kalt geworden sei. Zu jeder Situation fiel ihm eine passende Geschichte ein: Wenn wir durch einen Wald spazierten, erzählte er Märchen, fuhren wir nach Frankfurt, erzählte er von hitzigen Diskussionen mit Joschka Fischer, die stets derjenige gewonnen habe, der am lautesten brüllte. Er arbeitete viel, aber wenn er zu Hause war, war alles Abenteuer. Immer fielen ihm lustige Sachen ein, die man mit Kindern machen konnte und die es mit meiner Mutter nie gegeben hätte: Minigolf zum Beispiel oder Pommes essen nach den Ausflügen an den See, Zelten im Sommer.

Als mein Lehrer einen seiner mit Doktortitel unterzeichneten autoritären Briefe an die Eltern der Klasse schrieb, um anzumahnen, dass wir mehr lesen sollten, antwortete Thomas ihm mit in Rot an die Seite des Briefes geschriebenen Korrekturen und der Bitte, er möge als Deutschlehrer doch auf seinen Ausdruck achten. Er unterschrieb ebenfalls mit seinem Titel – mir kamen Tränen vor Lachen. Thomas war für mich innerhalb weniger Jahre zu einer Vaterfigur geworden.

Durch die Bücherregale im Flur wusste nicht nur der Postbote, der täglich neue Büchersendungen ins Haus trug, dass bei uns viel gelesen wurde. Bildung, dafür stand Thomas, nicht meine Lehrer:innen oder irgendjemand anderes in unserer dörflichen Umgebung. Die Hochzeit mit meiner Mutter passte zu seinem Statusbewusstsein. Im Haus meines Großvaters tummelten sich Verleger:innen und Schriftsteller:innen. In den Deutschbüchern meiner Schule wurden Menschen porträtiert, die ich aus dem Freundeskreis meiner Familie kannte. Wenn meine Mutter über Schriftsteller:innen sprach, sagte sie oft nur ihren Vornamen, sie hatte Kindheitserinnerungen an viele, die meisten – aber nicht alle – von ihnen waren aus der DDR: die Glocke, die ihr Pablo Neruda mitgebracht hatte, das Holzpferdchen von Anna Seghers, der lustige Hermann Kant auf der Leiter beim Renovieren.

Thomas und mein Großvater begegneten sich kurz nach der Hochzeit zum ersten und letzten Mal, als Stephan 1995 seinen Geburtstag bei seinem Freund, dem Verleger Klaus Wagenbach, feierte. Wir fuhren gemeinsam nach Berlin, wo wir im Wohnzimmer der Wagenbachs um eine lange Tafel mit weißer Tischdecke saßen. Die Erwachsenen tranken viel Rotwein und bewiesen sich in Gesprächen über Politik und Literatur, mein Großvater saß Pfeife rauchend in der Mitte. Die Gespräche waren so ernst wie das Lachen laut und herzlich.

Ich erinnere mein hämisches Lachen, als mein Bruder und ich auf dem Nachhauseweg über den Ku'damm die

Feier Revue passieren ließen, bei der Thomas sich vergeblich um die Gunst der anwesenden Literaten bemüht hatte, besonders um die meines Großvaters. Der hatte ihn abblitzen lassen. Die im Verlauf der Unterhaltungen implizit verhandelte und kommunizierte Hierarchie unter den Anwesenden hatte ich, wie immer bei solchen Anlässen, als beklemmend empfunden. Ich glaube, mein Bruder und ich lachten auch aus Erleichterung, dass nicht wir, sondern Thomas sich in den Augen der anderen danebenbenommen hatte.

Dann kam dieser Morgen im Oktober 1996. Meine Mutter stand am gekippten Fenster in der Küche, sie hatte mir den Rücken zugewandt, blickte in den Hof und rauchte. Sie trug ihren weißen Bademantel, ihre Haare hatte sie nach hinten gebunden. Links neben ihr stand die weiße Tasse mit schwarzem Tee auf der Fensterbank, rechts neben ihr der Aschenbecher. Sie hörte einen Beitrag im Radio. Die Küche war aufgeräumt, der Boden gefegt, der Tisch abgewischt, alles wirkte fast unberührt, sauber und gemütlich. Im Radio sprach ein Mann.

Der Hessische Rundfunk sendete kurz vor der Eröffnung der Frankfurter Buchmesse ein Feature seines Redakteurs Karl Corino, Literaturwissenschaftler und Experte für DDR-Literatur, in dem es um meinen Großvater ging. Fast zeitgleich erschien ein Dossier in der *ZEIT*, dessen Titel »DDR-Schriftsteller Stephan Hermlin hat seinen Lebensmythos erlogen« programmatisch für den folgenden öffentlichen Diskurs war. In Stephans letzten Lebensmonaten zwischen Oktober 1996 und April 1997 beherrschte die deutschen Feuilletons die Frage, ob mein Großvater seinen Lebenslauf erlogen und von der Lüge profitiert habe.

In den Wochen nach dem Radiobeitrag und dem Artikel erschienen zahlreiche Repliken, auch Corinos bald darauf veröffentlichtes Buch *Außen Marmor, innen Gips. Die Lebenslügen des Stephan Hermlin* zog viel Aufmerksamkeit auf sich. Insbesondere (aber nicht nur) die Zeitungen der Springer-Presse veröffentlichten Artikel, in denen mein Großvater als eitler Schwindler dargestellt wurde.

Stephan hatte die Jahre des Nationalsozialismus in Palästina, Frankreich und der Schweiz überstanden. Seine Frau Juliette, Mutter seiner ersten, damals dreijährigen Tochter Andrée, war 1941 in Frankreich an einer Abtreibung nach einer Vergewaltigung gestorben; sein Bruder Alfred, der auf Fotos aussieht wie sein Zwilling, kam 1943 als Angehöriger der Royal Air Force bei einem Flugzeugabsturz ums Leben. Trotzdem musste es 1945 unbedingt Deutschland sein – Stephan kehrte sofort nach Kriegsende zurück, zunächst nach Frankfurt am Main, wenige Jahre später nach Berlin (Ost), in die Stadt, die er 1936 verlassen hatte.

Stephan hat zu den jüdischen Kommunist:innen gehört, die nach 1945 in die sowjetische Besatzungszone beziehungsweise in die DDR zurückkehrten, um am Aufbau eines antifaschistischen Deutschland mitzuwirken. Ab den späten 40er-Jahren arbeitete er an den Zeitschriften *Ulenspiegel* und *Aufbau* mit, wurde Mitglied des Deutschen Schriftstellerverbandes, Mitglied des PEN-Zentrums Deutschland, Mitglied der Deutschen Akademie der Künste. Er war Vizepräsident des Schriftstellerverbandes, Sekretär der Sektion Dichtkunst und Sprachpflege der Akademie der Künste und bis 1990 Mitglied des Präsidiums des PEN-Zentrums der DDR. Die meisten zurückgekehrten Jüd:innen verließen aufgrund des im Zuge der stalinistischen Schauprozesse entstandenen Verfolgungsdrucks in den 50er-Jahren die DDR wieder, 1953 waren unter ihnen fast alle Vorsitzenden der jüdischen Gemeinden. Stephan blieb – trotz allem schien ihm die DDR die einzige Alternative zur »Globke-BRD«.

Karl Corinos Büro im Hessischen Rundfunk muss in der Zeit der Veröffentlichung seines Buchs über meinen Großvater unweit des Büros meiner Mutter gelegen haben. In seinen Texten hatte er Widersprüche zusammengetragen, die sich aus einem Abgleich der von Stephan verfassten Literatur, Quellen aus Archiven, Selbstaussagen und Aussagen Dritter ergaben. So enthüllte er, dass Stephan in einem Fragebogen der Amerikaner nach dem Krieg angegeben hatte, er sei im KZ Sachsenhausen gewesen. Mein Großvater war nicht in Sachsenhausen, wohl aber mein Urgroßvater David, der während der Reichspogromnacht 1938 – wie viele Berliner Jüd:innen – festgenommen und dorthin verschleppt wurde. Meine Urgroßmutter hat ihn mit einem Bild von Lovis Corinth freigekauft, bald darauf gingen sie gemeinsam nach London ins Exil.

Stephans im Fragebogen angegebene Haft in Sachsenhausen war tatsächlich erfunden – wahrheitsgemäß von seiner kommunistischen Vergangenheit zu erzählen hätte ihm bei der Bewerbung um einen Job unter den Amerikanern bei *Radio Frankfurt* wohl kaum geholfen. Bis Corino das Formular von 1945 aus dem Archiv holte und darüber schrieb, hatte – mit Ausnahme einiger Angehöriger der amerikanischen Streitkräfte – niemand diesen Fragebogen gekannt.

Über eine in seiner Prosa als »Vater« beschriebene, meinem Urgroßvater David nachempfundene Figur hatte mein Großvater – auch dies wurde in einem Artikel dieser Monate beklagt – in einer literarischen Erzählung geschrieben, sie sei in Buchenwald gewesen; Sachsenhausen hatte er nicht erwähnt. In Zeitungen führten solche Enthüllungen zu Schlagzeilen wie »Im Dickicht der Lügen« oder »Stephan Hermlin: Dichtung oder Wahrheit?«.

Zu den gegen Stephan erhobenen Vorwürfen gehörte, den Wohlstand seiner Eltern in den 20ern, die Herkunft seiner Mutter, die Umstände seines Eintritts in die Kommunistische Partei, seine Teilnahme am kommunistischen Untergrund, das Jahr seiner Flucht aus Frankreich in die Schweiz und vieles mehr erfunden, übertrieben oder verfälscht zu haben. Corino ging so weit, Stephan zu unterstellen, er habe das Judentum seiner Mutter geleugnet. Insgesamt verdichtete er in seinem Buch Stephans Leben auf den Punkt hin, in der DDR aufgrund seiner gefälschten Geschichte anerkannt gewesen zu sein und somit von seinen Erfindungen profitiert zu haben. Mein Großvater erschien durch seine um 1950 veröffentlichten Gedichte auf Josef Stalin, seine jahrzehntelange Mitarbeit in Gremien und Institutionen der DDR oder seine Verteidigung des Mauerbaus öffentlich wie eine Personifikation der DDR und des Stalinismus. Stephan, so konnte man nun erfahren, war gar kein richtiger Widerstandskämpfer, seine Geschichten so tönern oder erlogen wie das Selbstbild des ostdeutschen Staates.

Es gab öffentliche Gegenstimmen, aber für meine Familie war die Erfahrung, meinen Großvater nicht vor der Infragestellung seiner Lebensgeschichte schützen zu können, so schmerzhaft, dass sie kaum Trost in ihnen fand. Wenn im Radio von Stephans Geschichte gesprochen wurde, sprach man faktisch auch von unserer Herkunft, und so wurden wir zu passiven Zuhörer:innen der Interpretation unserer eigenen Geschichte.

Während man sich in meinem Umfeld gegenseitig der Unschuld der eigenen, deutschen Familien versicherte, musste mein Großvater sich rechtfertigen. Selbst mein Lehrer sprach mich stirnrunzelnd auf Stephan an. Er sei »enttäuscht von Hermlin« – wobei man hätte ahnen können, fügte er hinzu, dass da etwas nicht stimme. Er wollte wissen, wie meine Mutter über die Recherchen dachte. Ich wich ihm aus. Ausgerechnet er, der die Holocaustwitze meiner Mitschüler:innen überhört hatte, vertrat nun einen moralischen Anspruch gegenüber meinem überlebenden Großvater.

Mein Stiefvater spitzte zu Hause die Thesen der Debatte weiter zu. »Dein Vater trampelt auf den Opfern von Auschwitz herum, und du machst das mit! Ihr zieht die Erinnerung an sie in den Dreck!«, brüllte er seit Erscheinen des *ZEIT*-Artikels meiner Mutter in nächtlichen Auseinandersetzungen entgegen.

In der Öffentlichkeit tauchten biografische Fakten aus Stephans Leben auf, über die er selbst kaum oder gar nicht gesprochen hatte; manche waren nur in der Familie bekannt gewesen. Schnell wurde deutlich, dass mein Stiefvater vielen Argumenten, in denen Stephan der Lüge bezichtigt wurde, mindestens zustimmte. Insbesondere seine Infragestellung der Internierung meines Großvaters im Lager Nexon überschritt alles, was ich bis dahin für möglich gehalten hatte.

Stur fuhr meine Mutter jeden Tag weiter zur Arbeit. Im Rundfunk sagten sie, man müsse auch Hermlin hinterfragen dürfen – als sei er ein Zar, gegen den man ansonsten nicht aufzubegehren wagte. Wenn ich tagsüber allein in unserer Wohnung saß, stellte ich mir die etwa fünfzig Kilometer entfernt liegenden Gebäude des Hessischen Rundfunks vor und meine Mutter, wie sie durch die Gänge lief, vorbei an den Moderator:innen hinter den Glasscheiben, die neuerdings vielleicht die Wahrheit über ihre Familie zu kennen meinten. Sie hatte Angst, Corino auf dem Flur zu begegnen. Mein Großvater, so hieß es wieder und wieder in Radio- und Zeitungsbeiträgen, habe in der DDR zu den Privilegierten gehört und – im Gegensatz zu den vielen, die unter dem Regime gelitten hätten – dort ein gutes Leben führen können.

Die Geschichte, die ich über Stephan kannte, war vielschichtiger, ambivalenter und schmerzhafter als die, die in der Öffentlichkeit erzählt wurde. Sein Zugang zu politischen Fragen wurde vor allem durch literaturpolitische Auseinandersetzungen bestimmt. Die Kulturpolitik der DDR war von den Vorstellungen des sozialistischen Realismus geprägt und wandte sich gegen den »Formalismus«, dem ein großer Teil der modernen Literatur zugerechnet wurde. Hatte man im Nationalsozialismus unliebsame Kunst und Literatur mit dem Schlagwort der »entarteten Kunst« belegt, so galt in der DDR »formalistische« Literatur lange als Ausdruck kapitalistischer Dekadenz. Erwünscht war eine Literatur, die den »sozialistischen Helden« ins Zentrum rückte und das kulturelle deutsche Erbe weiterführte – eine Vorstellung, die letztlich nicht weit weg war von ästhetischen Auffassungen der Nationalsozialisten.

Stephan setzte sich kritisch mit der Kulturpolitik der DDR auseinander. Immer wieder forderte er, wie auf dem 4. Schriftstellerkongress 1956, die Veröffentlichung von als »bürgerlich«, »dekadent« oder »formalistisch« verschmähten amerikanischen und französischen Schriftsteller:innen; er setzte sich für die Publikation Nietzsches, Freuds oder für Autor:innen der DDR ein. 1962 initiierte er eine Lesung junger, noch unbekannter Lyriker:innen in der Akademie der Künste, unter ihnen Sarah Kirsch, Wolf Biermann und Volker Braun, die später zu den wichtigsten Autor:innen der DDR zählten. Die Lesung war für einige der Teilnehmenden der Beginn ihrer Karriere. Mein Großvater war in der Folge gezwungen, von seinen Ämtern in der Akademie und des Schriftstellerverbands zurückzutreten, und wurde für zehn Jahre mit einem faktischen Publikationsverbot belegt. Das Geld war für viele Jahre knapp.

In Stephans Stasi-Akten befindet sich ein Brief von ihm aus dieser Zeit. Er ist die Antwort auf einen Brief, in dem ein Leser Stephan seine Solidarität ausspricht. Er antwortet ihm: »Ich versuche, das Ganze komisch zu nehmen, aber es gelingt mir nicht immer. Im Juni 1945, wenige Tage, bevor ich […] die deutsche Grenze überschritt, saß ich in einem Zürcher Café mit dem Bühnenbildner Teo Otto, dem Mitarbeiter Brechts. Er sagte zu mir: ›Gehen Sie nicht nach Deutschland zurück. Es wird Sie zerstören.‹ Nach einer Weile fügte er hinzu: ›Aber Sie werden natürlich lachen und gehen. Sie sind ja Kommunist.‹ Ich lachte und ging. Daran muss ich in letzter Zeit oft denken.«

Stephan blieb unbeirrt, protestierte 1968 in der tschechoslowakischen Botschaft gegen den Einmarsch der Truppen des Warschauer Pakts in Prag, verfasste Anfang der 70er-Jahre ein Memorandum an Erich Honecker, in dem er die Zensur in der DDR kritisierte, und initiierte den Protest gegen die Ausbürgerung Wolf Biermanns. Seine Stasi-Akten offenbarten nach der Wende, wie gründlich die Staatssicherheit ihn überwacht hatte.

In den 90er-Jahren bekam mein Großvater antisemitische Morddrohungen, dann wiederum standen die Erben des Nazis vor seiner Tür, die das Haus, in dem er lebte, beanspruchten. Währenddessen zwitscherten die westdeutschen Moderator:innen im Radio darüber, welche »Privilegien« mein Großvater in der DDR genossen habe.

Corinos zentrale These, Stephan habe seine Biografie beschönigt und instrumentalisiert, berührt die Grundfigur des sekundären Antisemitismus: das Gerücht über die Juden, die die Erinnerung an die Verfolgung für ihre Zwecke nutzen und so die Deutschen zu ihren Knechten machten. Sie tauchte nicht nur bei Corino auf, sondern auch in Texten, die seiner Veröffentlichung folgten. Vielleicht hat Corinos Arbeit auch deshalb so starken Anklang gefunden, weil ihre zentrale These an eine kulturell weitverbreitete antisemitische Denkfigur anknüpft?

Die Idee, die Verfolgten hätten von ihrer Geschichte profitiert, ist eine gedankliche Umkehrung ihrer tatsächlichen, Generationen überdauernden Folgen. Sie relativiert die Verfolgung und ihre Auswirkungen und stellt das Verhältnis von Tätern und Opfern auf den Kopf. In den Chiffren des sekundären Antisemitismus werden Jüd:innen zu aggressiven Peinigern der Deutschen, die sie in die Erinnerung zwingen und gegen die Deutsche sich wehren müssen. »Schuldkult« nennen Nazis das in ihrer brachialen Sprache.

Stephan wurde in den Auseinandersetzungen zum Inbegriff einer machtvollen Figur, die die Geschichte geschickt für sich instrumentalisierte, Corino hingegen zum Verteidiger der Wahrheit. »Es muss doch wohl auch bei einem jüdischen Autor Ende des 20. Jahrhunderts erlaubt sein [...] zu fragen, wie autobiographisch die Texte Hermlins seien«, hatte Corino in der Einleitung seines Buches geschrieben.[20] Er suggerierte, dass es nach 1945 ein Tabu gegeben habe, Texte jüdischer Autor:innen nach ihrem Wahrheitsgehalt zu befragen, dass nun aber genug Zeit vergangen sei, um dieses vermeintliche Privileg aufzuheben. Hier wurden Schlussstrichdebatten in einen literaturhistorischen Kontext übersetzt.

Bei dem durch Corino und sein Buch ausgelösten Skandal schien es nicht nur um die Frage zu gehen, welche Aussagen meines Großvaters autobiografisch korrekt waren; die Erkenntnisse aus seinen Recherchen, die sich um tatsächliche Ungereimtheiten drehten – wie die Frage, warum mein Großvater zu dem Missverständnis, sein Vater sei im Lager gestorben, geschwiegen hatte –, hätten sich in einem Aufsatz in einer Fachzeitschrift darlegen lassen. Eine literaturwissenschaftliche oder historische These, die diese Ungereimtheiten oder ihre Bedeutung für die Literaturgeschichte oder das Werk meines Großvaters hätte erklären können, bot Corinos Text nicht an. Stattdessen behauptete er, dass die Texte von und über meinen Großvater – von seiner Prosa über Interviews bis hin zu Klappentexten seiner Bücher – ein »System, ein Komplott gegen die Wahrheit«[21] darstellten; er spekulierte auch über Stephans Charakter und verunglimpfte ihn als (»pfeiferauchende«) Sphinx.

Der hämische, reißerische Ton, die Mischung aus Tratsch, schlecht begründeten Interpretationen und echten Funden (die von der Gehässigkeit des Textes fast überdeckt wurden) ließen das Buch wie eine Abrechnung wirken. Unter der Geschichte, über die debattiert wurde, lagerten andere, verdeckte Geschichten – Geschichten von Täter-Opfer-Umkehr, vom Umgang mit jüdischen Überlebenden, Fragen nach Verantwortung und Widerstand. Und nicht zuletzt die Frage, wie Geschichte und Literatur der DDR nach der

Wiedervereinigung bewertet und in die bundesdeutsche Erzählung eingebettet werden konnte.

So nervös Thomas in Gegenwart meines Großvaters gewesen war, sosehr er sich um seine Gunst bemüht und ihn verehrt hatte, so sehr verachtete er ihn nun. Arrogant sei er, erklärte Thomas; er habe ihn nie gemocht mit seiner Art, von oben herab zu sprechen. Eines Abends kam er blass und schweigsam nach Hause. Nachdem meine Mutter ihn mehrmals gefragt hatte, was los sei, antwortete er: »Dein Vater war doch in Nexon.« Eine Quelle war aufgetaucht, die Stephans Aufenthalt dort belegte. Dennoch blieb er bei seinen Anschuldigungen.

Die Kriegszone, in die sich unsere Wohnung verwandelt hatte, blieb bis zum Abend friedlich; dann kamen meine Mutter und Thomas nach Hause. Sie sprachen kaum noch miteinander, die Stunden nach ihrer Ankunft verbrachten sie in getrennten Zimmern. Als gebe es ein Verbot, die Stille zu unterbrechen, machte niemand mehr Musik an. Erst wenn ich im Bett war, begannen sie zu streiten.

Viele Nächte hörte ich Thomas von den (vermeintlichen) Lügen meiner Familie brüllen. Den Satz über Auschwitz wiederholte er so oft, dass er bis heute als Ohrwurm über meinen Erinnerungen an diese Monate liegt.

Noch stritten sie jede Nacht, aber es war klar, dass es keinen Weg aus dieser Situation geben würde, bis die Umzugskisten aus dem Keller geholt werden würden.

Wenn ich schlief, zündete ich Häuser an; ich führte die Frankfurter Punker zu dem Spielplatz, auf dem sich die Nazis trafen; ich warf Fenster des Hessischen Rundfunks ein. Meistens rannten jedoch nicht andere vor mir weg, sondern ich vor ihnen. Mal waren es die Dorfnazis, mal waren es historische Nazis, in manchen Nächten rannte ich durch die Wetterau, in anderen durch Südfrankreich auf der Suche nach der Grenze zur Schweiz. Ich wachte in einem ordentlich gestapelten Haufen aus Brettern oder Holz auf, immer in dem Moment, in dem jemand die Öffnung von oben verschloss. Ein Platz, auf dem Menschen in Reihen standen, ein Name wurde gerufen. Ich hörte nicht richtig, weil ich schlief, aber ich wusste, dass es mein Name war. Kannten die Menschen meinen Namen, konnten sie mich verraten? Jemand trat heraus, jemand, der nicht ich war. Er trug nicht meinen Namen. Sie nahmen ihn am Arm und führten ihn weg.

Die Albträume wurden so schlimm, dass ich begann, mich zu fürchten, ins Bett zu gehen. Ich erzählte meiner Mutter davon.

»Du hast meine Träume geträumt«, sagte sie. »Das sind die Erfahrungen meines Vaters.«

Stephan wurde nicht nur vorgeworfen, was er erzählt hatte, sondern auch, was er nicht erzählt hatte. Corino thematisierte in seinem Buch, Stephan habe der Öffentlichkeit nur literarisch verfremdet von der Vergewaltigung und dem Tod seiner ersten Frau Juliette berichtet. Als Nachkomme der Täter schien Corino die Biografien der Opfer wie Erbstücke zu beanspruchen. Eine Generation hatte gemordet, die nächste war angetreten, um das Erinnern zu ordnen; und die Öffentlichkeit hatte das Recht, an der Trauer der Juden teilzuhaben und über ihre Toten informiert zu werden.

Meine Tante Andrée hatte nicht geahnt, was Corino plante, als er sie im Zuge seiner Recherchen besuchte. Sie hatte gehofft, Informationen über ihre Familiengeschichte zu erhalten, vielleicht Dokumente oder Fotos zu sehen, die sie nicht kannte. Sie wies Corino im Gespräch auf die in

Israel lebende Schwester meines Großvaters als eventuelle Quelle hin, mit der er daraufhin sprach. Corinos Buch bezog seine Glaubwürdigkeit auch aus der Erwähnung von Geschichten dieser beiden Zeuginnen. Dass Stephan seit Jahrzehnten mit seiner Schwester so zerstritten war, dass sie nicht miteinander redeten, erwähnte der Autor nicht, als er sie zitierte.

Für Corino schien das Leben unserer Angehörigen Material seiner Erzählungen zu sein, das er in Besitz nahm. In den Aufsätzen, die in den letzten Jahrzehnten über meinen Großvater erschienen sind, wurde Corinos Arbeit oft rezipiert. Wer mein Großvater war, bestimmt nicht mehr er selbst, sondern wird von anderen erzählt. Die brutale Hemmungslosigkeit, mit der man mit Stephan umging, machte es unmöglich, über die nach der Debatte unbeantwortet im Raum stehenden Fragen zu sprechen. Nicht nur mein Großvater wurde beschädigt, sondern meiner Familie ein Stück ihrer Geschichte genommen. Andrée schrieb nach der Veröffentlichung des Buches noch einen entsetzten Brief an Corino, den er nicht beantwortete. Er hatte sich der Biografien seiner jüdischen Forschungsobjekte bemächtigt, um sein Buch zu schreiben. Nach der Veröffentlichung brauchte er sie nicht mehr.

Thomas hatte nicht zu uns gehalten. Wir waren aufgewacht in einem Albtraum, nichts war mehr sicher, nicht einmal unser Zuhause. Das öffentliche Urteil war in unserem eigenen Wohnzimmer formuliert worden, die Beschämung bis ins Private vorgedrungen. Im Zuge des andauernden Streites trennte sich Thomas von meiner Mutter. Als sie mir davon erzählte, war ich vor allem fassungslos darüber, dass er sich von ihr trennte und nicht andersherum.

Am Ende seines Lebens hatte sich die Gesellschaft, für die mein Großvater sein Leben lang gekämpft hatte, noch einmal gegen ihn gewandt. Ich sah ihn nach dem Erscheinen von Corinos Artikel noch einmal: Meine Mutter und ich besuchten ihn zwischen den Jahren in Berlin. Ich erinnere, wie wir uns verabschieden: Er steht oben auf der Treppe vor dem Haus und lässt sich von meiner Mutter umarmen, wie immer etwas steif. Meine Mutter tritt einen Schritt zurück, mein Großvater sagt: »Vielleicht hatte Hans doch recht.«

Sie sieht ihn an, lächelt traurig, nickt. »Ja, vielleicht«, erwidert sie leise.

Dann gehen wir. Ich frage sie, wer Hans sei und was die Worte bedeuteten. »Er meint Hans Mayer, einen Kritiker und engen Freund«, antwortet sie. »Er hat gesagt, dass es zwischen Juden und Deutschen keine Versöhnung geben kann.«

Mein Großvater starb im April 1997. In meiner Erinnerung steht er für immer auf der Treppe vor seinem Haus.

Als meine Mutter und ich wenige Monate später nach Frankfurt umzogen, war ich erleichtert. Obwohl ein Foto meines Großvaters in unserem Deutschbuch an der neuen Schule abgebildet war, erzählte ich niemandem von ihm. Wie ich gesehen wurde, sollte fortan wieder an meinen Handlungen liegen, nicht an meiner Herkunft.

Die neue Umgebung war mir kulturell näher, als es die ländliche Region gewesen war, viele meiner neuen Freund:innen kamen aus eher linken, akademisch geprägten Elternhäusern. Auch in der Schule ging es anders zu, die Studentenbewegung hatte hier im Alltag tatsächlich die pädagogischen und inhaltlichen Spuren hinterlassen, von denen ich so oft gehört hatte. Eine Gruppe Jugendlicher recherchierte gemeinsam mit Geschichtslehrer:innen Biografien ehemaliger jüdischer Schülerinnen mit dem Ziel, die Kinder in die »Schulgemeinschaft zurückzuholen«. Im Lauf der Zeit wurden viele Menschen und Institutionen außerhalb der Schule in das Projekt eingebunden, die Schülervertretung war beteiligt, und der Kunstleistungskurs gestaltete einen Gedenkort auf dem Schulhof. Manchmal begegneten mir Thomas' Geschichten wieder, die er über Frankfurt erzählt hatte, auch hier hörte ich Anekdoten über laute Diskussionen mit Joschka Fischer. Es kam mir vor, als bewege ich mich in genau jenem Umfeld, aus dem diese selbstironischen Geschichten stammten.

Nachdem wir in meiner vorigen Schule oft darüber gesprochen hatten, über den Nationalsozialismus gesprochen zu haben, wurde an der Frankfurter Schule im Unterricht tatsächlich die Shoah thematisiert. Die Texte aus unserem Buch habe ich nicht mehr vor Augen, aber das bekannte Bild der auf Auschwitz zuführenden Schienen neben einem Bild der Leichenberge von Bergen-Belsen. Es waren stille, bedrückende Stunden im Klassenraum mit zu vielen Texten und zu wenig Zeit, um sie zu verarbeiten. Nach mehreren Doppelstunden kam unsere Lehrerin ins Klassenzimmer und sagte, sie wolle heute das Buch beiseitelassen und sich Zeit nehmen, über die vergangenen Stunden zu reflektieren.

Vielleicht war es zu spät dafür. Vielleicht war und bleibt es auch ein zu hoher Anspruch an Lehrer:innen, zu meinen, sie könnten in ein paar Unterrichtsstunden auffangen, was zu Hause, in Medien, in anderen Unterrichtsstunden, in der Popkultur in Auseinandersetzungen mit Nationalsozialismus und Holocaust schiefgeht. Den Anfang der Diskussion machten jedenfalls noch Beiträge von Jugendlichen, die beschrieben, wie schwer es ihnen falle, sich die Grausamkeiten in den Lagern vorzustellen. Aber bald schlug die Stimmung um. Ein Mädchen meldete sich zu Wort und erzählte, jemand aus seiner Familie habe in Kontakt zu den Attentätern vom 20. Juli 1944 gestanden. Andere stimmten mit Familiengeschichten irgendwo zwischen Unschuld und Widerstand in die Diskussion ein; es war, als habe eine große Gruppe aus der Klasse gemeinsam die Flucht vor der Vergangenheit angetreten, indem sie sich in eine historische Fantasiewelt begab: Die Erzählungen blieben diffus, auf Nachfrage wusste selbst das Mädchen mit der vermeintlichen Verbindung zu den Attentätern nicht, um wen aus ihrer Familie es sich handeln könnte. Deutlich wurde jedoch, dass scheinbar niemand in unserem Umfeld mit Nazis verwandt war.

Ich verbrachte viele Nachmittage bei meinem neuen Freund Simon, der mit seiner Mutter in einer großen Wohnung mit spärlich eingerichteten Zimmern wohnte. Wie die meisten Erwachsenen, denen ich in Frankfurt begegnete, kam sie aus der linken Szene, wir verbrachten oft Zeit miteinander, sahen Nachrichten, sprachen über Politik. Als Simon und ich wenige Tage nach der Diskussion in unserer Klasse das Gespräch mit seiner Mutter suchten, setzte sich das Unbehagen zu unserer Überraschung fort. Simon fragte seine Mutter nach ihrer Familie, doch sie wich seinen Fragen aus. Sie habe sich ihr Leben lang an diesen Themen abgearbeitet, gerade letztes Jahr habe sie einen Artikel über eine Überlebende veröffentlicht. Ob er sie etwa belehren wolle?

Schon die Diskussion in unserer Klasse hatte ich als unterschwellig aggressiv empfunden, die Situation war jedoch schnell von unserem Klassenclown aufgelöst worden, der der Klasse den Spiegel vorhielt. »Ich danke allen für ihre Beiträge«, erklärte er, als sich herausgestellt hatte, dass in unserer Klasse ausschließlich Nachkommen von unschuldigen und widerständigen Deutschen saßen, »und wollte sagen, dass ich es sehr gut von euch finde, dass ihr die Deutschen nicht verurteilt. Nur, weil sie 1933 NSDAP gewählt haben, sind sie ja keine Nazis. Die Deutschen haben auch Gefühle, und es ist hart für die mit Hitler!«

Die Klasse brach in brüllendes Gelächter aus, und ich meine, dass dieses Gelächter eine Wahrnehmung ausdrückte. Etwas war schiefgelaufen; auch wenn wir nicht ganz erfassten, was es war. In ihrer Studie *Opa war kein Nazi* beschrieben Harald Welzer, Sabine Moller und Karoline Tschuggnall 2002, dass in deutschen Familiengedächtnissen eher selten Nazis existieren, dafür aber Opfer und Widerstandskämpfer.[22] Die Memo-Studie der Stiftung Erinnerung, Verantwortung und Zukunft kam 2018 zu ähnlichen Ergebnissen.[23] 69 Prozent der Befragten gaben an, nicht mit Tätern des Nationalsozialismus verwandt zu sein.

Im Gespräch mit Simons Mutter hatte es keinen Klassenclown gegeben. Als Simon und ich ein paar Wochen später in einem Café in der Frankfurter Innenstadt saßen, erzählte er, dass seine Mutter ihn noch einmal angesprochen hatte. Sie wollte wissen, ob seine Nachfragen auf meinem Einfluss beruhten, und fand es dreist, dass ich seine Familie infrage stellte, obwohl ich sie gar nicht kannte. Er schaute mich besorgt an. Ich lächelte und fühlte mich angegriffen.

Sekundärer Antisemitismus wird oft als Antisemitismus »nicht trotz, sondern wegen Auschwitz« erklärt oder als »Schuldabwehrantisemitismus«. Er kann sich auch gegen

Menschen richten, die nicht jüdisch, aber Nachfahr:innen von Opfern sind, gegen jene, die mit ihnen assoziiert werden, oder gegen Personen und Orte, welche die Shoah thematisieren. Laut der *Mitte-Studie* der Friedrich-Ebert-Stiftung von 2014 ärgerten sich 55 Prozent der Befragten darüber, »dass den Deutschen auch heute noch die Verbrechen an den Juden vorgehalten werden«. 49 Prozent stimmten der Aussage »eher« oder sogar »voll und ganz« zu, sich darüber zu ärgern, »immer wieder von den deutschen Verbrechen an den Juden zu hören«.[24]

Das Gespräch, in dem gleich mehrere Jugendliche gesagt hatten, es habe in ihrer Familie keine Nazis gegeben, lag ein paar Monate zurück, als der Schriftsteller Martin Walser 1998 mit dem Friedenspreis des Deutschen Buchhandels ausgezeichnet wurde. Walser hielt seine Dankesrede in der Frankfurter Paulskirche. Er beschrieb darin eine Realität, in der die Shoah von »Meinungssoldaten« und Medien benutzt würde, um »den Deutschen« vorzuhalten, sie seien kein normales Volk, und um sie in die Erinnerung an ihre »Schande« zu zwingen. Wer diese Meinungssoldaten waren, sagte Walser nicht. Deutlich wurde in der Rede eine Vorstellung beschrieben, in der deutsch war, wer die Erinnerung an den Holocaust satthatte. Die Shoah »unsere Schande« zu nennen konstruierte eine deutsche Perspektive auf den Holocaust, die die Erinnerung der Verfolgten und ihrer Nachkommen ausschloss.

Wir diskutierten im Unterricht oft über aktuelle politische Debatten, und so sprachen wir auch ausführlich über die Rede. Ich erinnere die Stunde über Walser, als habe sie gestern stattgefunden; heute würde ich sagen, sie war der Moment, in dem ich verstand, was Schuldabwehr bedeutet. Unsere Lehrerin erklärte, sie könne Walsers Kritik daran, dass zu oft über den Holocaust geredet werde, verstehen. Die Forderung nach einem Schlussstrich könne gerade sie, die durch ihren Beruf viel mit jungen Menschen zu tun habe, nachvollziehen – insbesondere für uns sei der Nationalsozialismus weit weg, und Schuldzuweisungen seien deshalb ungerecht. Anscheinend hatte sie schon vergessen, wie die Diskussion in unserer Klasse verlaufen war, in der vor Kurzem noch so viele die Unschuld ihrer Großeltern beschworen hatten. Die Autor:innen von *Opa war kein Nazi* haben in ihrer Studie beschrieben, dass selbst in Familien, in denen in der ersten Generation noch Erzählungen über NS-Täterschaft existierten, diese sich bei den Enkelkindern in Narrative von Unschuld oder Widerstand verwandelten.[25]

»Jeder kennt unsere geschichtliche Last, die unvergängliche Schande, kein Tag, an dem sie uns nicht vorgehalten wird«, hatte Walser gesagt.[26] Tatsächlich wurden in diesen Jahren viele wichtige Debatten über den Nationalsozialismus geführt. Nicht zuletzt die Wiedervereinigung und die neue Dimension rechter Gewalt hatten dazu einen Anstoß gegeben. Die strukturelle Förderung von Gedenkstätten auf Bundesebene wurde beschlossen, die Gedenkstätten in Ostdeutschland wurden neu ausgerichtet. Die Debatten um das geplante Mahnmal für die ermordeten Juden Europas schlug hohe Wellen. Die Frage des Antisemitismus im Nationalsozialismus wurde in der Goldhagen-Debatte neu diskutiert. Es wurde nach der Bedeutung des finanziellen Aspekts der Shoah gefragt, und die Ausstellung über die Verbrechen der Wehrmacht im Zweiten Weltkrieg des Hamburger Instituts für Sozialforschung erschütterte so manche Familiengeschichte, da sie die bis dahin übliche Trennung von Nazis auf der einen und (ehrenhaften) Wehrmachtssoldaten auf der anderen Seite infrage stellte.

Gleichzeitig verliefen die Diskussionen nicht ohne Versuche ihrer Abwehr. So erklärten Vertriebenenverbände immer wieder, dass über das Schicksal der Vertriebenen – im Gegensatz zur Erinnerung an die Opfer des Nationalsozialismus – nicht genug gesprochen worden sei. Die Bilder des Leids von Vertriebenen wurden enthistorisiert und dem Leiden der Juden entgegengestellt. Ein Junge in unserer Klasse befand in der Diskussion über Walser, die Polen würden sich auch nicht viel um die Nazi-Zeit kümmern, obwohl die Lager bei ihnen gewesen seien; das würde schon die Frage aufwerfen, wie lange die Deutschen noch zu Kreuze kriechen müssten. Ich versank innerlich in der Erkundung des Trennenden, das offensichtlich zwischen mir und meinen Mitschüler:innen stand.

Ich verstand in diesen Jahren, dass ich entscheiden konnte, ob ich in den Augen der anderen dazugehörte oder nicht. Es hing davon ab, ob ich von meiner Familie erzählte. Die französische Rabbinerin Delphine Horvilleur beschreibt in ihrem Buch *Überlegungen zur Frage des Antisemitismus* das Unbehagen der Antisemit:innen an Jüd:innen als Unbehagen an der Vorstellung von einer Gruppe, die als kaum unterscheidbar von der Mehrheit und gleichzeitig als nicht in sie integrierbar erscheint. Jüd:innen sind der Mehrheit so ähnlich, dass man nicht sicher sein kann, wer sie sind. Und gleichzeitig sind sie anders, sie passen sich nicht an, mischen sich unter die anderen und gefährden dadurch deren imaginierte Homogenität.

In meiner Erfahrung reichte manchmal der Verweis auf Verwandtschaft mit Opfern des Nationalsozialismus, um Unbehagen oder Aggressionen auszulösen. Ich hatte

Simons Fragen an seine Mutter nicht verursacht, aber sie schrieb sie mir zu. Unser Verhältnis normalisierte sich danach nicht mehr.

Ignatz Bubis, der als Präsident des Zentralrats der Juden eine Antwort auf Walsers Rede formulierte und ihn einen »geistigen Brandstifter« nannte, drückte aus, was vermutlich viele Jüd:innen empfanden. In der öffentlichen Debatte wurde Bubis immer wieder für seine Position angegriffen, ihm wurde vorgeworfen, er verletze Walser. Die Intervention des Überlebenden, in der jüdischen Gemeinschaft hoch angesehenen Ignatz Bubis war für viele Kommentator:innen der Debatte kein Anlass, innezuhalten und den eigenen Standpunkt zu überprüfen.

Die Aggression der Schuld- und Erinnerungsabwehr, die sich auf dem Dorf in Witzen über den Holocaust geäußert hatte, erschien in der Debatte, die Walsers Rede folgte, als Forderung nach einem Schlussstrich unter die Auseinandersetzungen mit dem Nationalsozialismus. Die Rede bedeutete einen Dammbruch: Der Bundespräsident klatschte nach der Rede; in Feuilletons wurde in gewichtigen Kommentaren erklärt, warum Bubis übertreibe und Walser geschützt werden müsse. So einem bedeutenden Schriftsteller, meinte auch meine Lehrerin, wird man wohl keinen Antisemitismus vorwerfen wollen.

Wenige Monate später lagen unweit der Paulskirche an Wahlkampfständen der CDU Unterschriftenlisten gegen die von der rot-grünen Bundesregierung angestrebte Einführung der doppelten Staatsbürgerschaft aus. Wahlkampfhelfer:innen verteilten Flyer an Passant:innen. Meine Freund:innen und ich liefen mit einem Müllsack hinter den Leuten her und baten sie, die Flyer wieder abzugeben. Viele taten es, und wir lachten über das, wie uns schien, realitätsferne Vorhaben der CDU, in der man begann, über das Konzept der »Leitkultur« für die deutsche Gesellschaft zu sprechen.

Aber die CDU gewann die Hessen-Wahlen 1999 mit ihrer Forderung, die deutsche Staatsbürgerschaft solle weiterhin grundsätzlich von der Staatsbürgerschaft der Eltern abhängen. Das deutsche Staatsangehörigkeitsrecht war im Nationalsozialismus vereinheitlicht worden, bekanntermaßen hatte es eine wichtige Funktion für die Durchsetzung der nationalsozialistischen Rassenideologie.

Walser, die Ablehnung der doppelten Staatsbürgerschaft und das Konzept der Leitkultur wurden von einer Vorstellung deutscher Kultur getragen, die von »anderen« Kulturen und Erinnerungen – und dazu gehörte für manche auch die Erinnerung an die Shoah – getrennt sein und bleiben sollte. Die Gewalt auf den Straßen der 90er-Jahre entsprach dieser Sicht – innerhalb des der Wiedervereinigung folgenden Jahrzehnts verfestigten sich ein neuer Nationalismus und eine Ordnung der Geschichte, zu der die Geschichte der Minderheiten und Migrant:innen, auch die der jüdischen Remigrant:innen aus der DDR, nicht gehören konnte.

Als Frank Schirrmacher im Winter 1998 für die *Frankfurter Allgemeine Zeitung* ein Gespräch mit Salomon Korn, Martin Walser und Ignatz Bubis führte, intervenierte er nicht, als Walser gegenüber Bubis andeutete, Jüd:innen sollten sich aus Debatten über den Umgang mit dem Nationalsozialismus heraushalten, da sie davon verschont geblieben seien, sich schuldig gemacht zu haben.[27]

Ausgerechnet Karl Corino befand in einem Kommentar für den Hessischen Rundfunk, Bubis' Vorwürfe gegen einen der »führenden« deutschen Schriftsteller seien »ungeheuer«.[28] Bubis habe jedes Maß verloren, urteilte der Literaturexperte und stellte befremdet fest, dass nicht nur das, was »ausdrücklich« gegen Juden gesagt oder getan werde, von Bubis als antisemitisch bezeichnet werde, sondern dass bereits »vage Gefühle, Gefühligkeiten« für diesen Vorwurf ausreichten.

Ignatz Bubis starb wenige Monate nach der Kontroverse. Resigniert sagte er in einem seiner letzten Interviews, er habe nichts bewirkt.

Meine Mutter und ich hörten abends oft zusammen Radio. »Ich fürchte, dass Bubis' Erfahrung der Erfahrung meines Vaters ähneln könnte«, meinte sie. Innerhalb von zwei Jahren standen zwei alte jüdische Männer, die ihr Leben in unterschiedlicher Weise der Idee einer deutsch-jüdischen Versöhnung gewidmet hatten, in der Öffentlichkeit am Pranger.

In den Debatten ging es letztlich auch um eine Standortbestimmung der deutschen Intellektuellen der Nachwendezeit. Sowohl die Forderung nach einem Schlussstrich unter der Vergangenheit als auch die Abfertigung der DDR-Geschichte zeigten in Richtung eines unverhohlen nationalistischen Selbstverständnisses. Heute würden die Debatten über Walsers Rede oder Corinos Buch in Teilen vermutlich vorsichtiger oder anders geführt werden, aber in den 90er-Jahren fiel nur wenigen auf, dass hier nichtjüdische Deutsche über überlebende Juden richteten (Corino) oder sich gar zu ihren Opfern erklärten und sie deshalb angriffen (Walser).

Ich war nach Thomas' Auszug noch einmal mit ihm essen, zum All-you-can-eat-Buffet beim Chinesen im Nachbarort des Dorfes, in dem wir lebten. Er holte mich ab, betrat aber die Wohnung nicht, sondern klingelte und wartete dann in seinem am Straßenrand geparkten Auto. Ich genoss den Abend zu zweit an einem runden Tisch, an dem bestimmt acht Personen hätten Platz nehmen können. Es war das erste Mal in all den Jahren, dass wir etwas allein unternahmen. Wir versprachen einander, uns bald wieder zu verabreden.

Ich sah Thomas in den Jahren nach der Trennung von meiner Mutter tatsächlich immer mal wieder, mittags auf dem Weg zur Kantine in den Gängen des Hessischen Rundfunks, wo ich meine ersten Jobs als Schülerin hatte. Anfangs grüßte er mich noch, doch im Verlauf der Monate wurde der Gruß immer beiläufiger, wurde zu einem Kopfnicken, dann zu einem angedeuteten Kopfnicken. Ein Jahr nach seinem Auszug senkte er nur noch den Kopf, wenn er mich sah, und schaute weg. Zwei Jahre nach seinem Auszug sah er mir wieder ins Gesicht, wenn wir uns begegneten, doch in seinen Gesichtszügen regte sich nichts mehr. Es war, als hätten wir uns nie gekannt.

7

Schlechte Erziehung und Staatssicherheit

Im Sommer 1995 war meine Mutter nach Berlin gefahren und hatte den schmalen Aktenordner mit Stasi-Unterlagen mit zurückgebracht. Er stand neben den Ordnern mit Steuererklärungen in einem Schrank im Wohnzimmer, dessen Tür sie von nun an geschlossen hielt. Es war jedoch, als ließe sich das Geheimnis nicht mehr einsperren, es lag in der Luft und breitete sich in der gesamten Wohnung aus. Bettina pendelte damals noch und kam erst abends von der Arbeit nach Hause. Ich hingegen hatte nur halbtags Schule – und Zeit. Sie konnte nichts dagegen tun, dass ich die Dokumente las; und ich tat es, ohne sie um Erlaubnis zu fragen.

Die Einsicht in die Stasi-Akten meiner Mutter führte für mich zu einer Inventur vieler Erinnerungen: Ab sofort standen sie unter Verdacht, Hinweise auf die verborgene, zweite Realität zu geben, die meine Großmutter kreiert hatte. In den nächsten Jahren veränderten sich meine Erinnerungen und auch die Erzählungen meiner Mutter so radikal, dass sich die Akteneinsicht und der ihr folgende Prozess für mich bis heute einer genauen zeitlichen Zuordnung entziehen. Es ist, als würde dieser Prozess über und unter den anderen Erzählungen liegen, jenseits ihrer zeitlichen Abfolge – schließlich führte er nicht zu neuen Erinnerungen, die sich in eine Chronologie einfügen lassen, sondern zu einer Neuordnung bestehender Erinnerungen. So taucht die Geschichte der Akteneinsicht heute am Anfang, mitten in, am Ende meiner Erzählungen auf, meistens nach der – ihr folgenden – Veröffentlichung von Karl Corinos Recherchen im Jahr 1996.

Ein kleiner Stapel Papiere war also in dem Ordner abgeheftet, schlechte Kopien von mit Schreibmaschine getippten Texten, Briefen, Zeichnungen mit Ausschnitten einer Stadtkarte und Seiten, die aussahen wie Kopien dramatischer Texte mit Doppelpunkten hinter den Namen der Sprechenden. Ich sah mich auf dem Foto an der Friedrichstraße stehen. Adresslisten von Freund:innen, Blätter, auf denen mehr geschwärzt war als lesbar. Ein roter Stempel war schräg auf die Seiten gesetzt: »Kopie BSTU«.

Das Lesen und Wiederlesen der Dokumente schälte einen kalten Schmerz aus dem Netz familiärer und freundschaftlicher Beziehungen heraus, einen Schmerz, der so stark war, dass ich nicht wusste, ob meine Mutter daran zerbrechen würde. Ich harrte in den folgenden Jahren neben ihr aus und wusste, dass ich nichts anderes tun konnte, als ihr immer wieder aufs Neue zu bestätigen, dass auch ich gelesen hatte, was sie gelesen hatte.

Wenn Bettina nach ihrem Arbeitstag wieder auftauchte, kochte sie und räumte auf; dann ging sie Abend für Abend in ihr Arbeitszimmer in den Keller und schrieb Briefe, die sie am Ende des Abends, wenn sie fertig waren, wegwarf. Manche von ihnen blieben unvollendet irgendwo liegen, die meisten zerriss sie. Im Arbeitszimmer lagen zerknüllte Papiere im Papierkorb, auf dem Desktop ihres Computers befanden sich leere Word-Dateien mit Namen wie »Mama«, »Brief Mama« oder »Versuch_Brief_Mama_2«.

Bettinas Shirts wurden weit, die Hosen rutschten, sie

sah jetzt älter aus, ihr lautes Lachen war versiegt. Abends öffnete sie den Vorratsschrank, blieb ratlos davor stehen, sprach leise mit sich selbst. Danach saß sie am Küchentisch und starrte ungläubig auf das Knäckebrot auf ihrem Teller, vielleicht, weil es sich im Gegensatz zu ihr nicht von selbst auflöste. Nach einem Jahr war sie mehrere Kleidergrößen schmaler geworden. Nachts rückten Erinnerungen gegen sie aus wie eine Armee, bis sie vom Klingeln des Weckers gestoppt wurden. Ich lag im Zimmer nebenan und hoffte, meine Mutter würde ihre Gedanken überstehen.

Nach dem Tod meines Großvaters 1997 fand einer meiner letzten Besuche bei meiner Großmutter statt. Als würde ich den Spieß umdrehen, hatte ich nun ein Geheimnis, von dem sie nichts wusste; noch ließ ich sie im Glauben, zwar von den Akten zu wissen, sie aber nicht gelesen zu haben.

Fast beiläufig sprach Gudrun selbst die Akten an. »Ich weiß nicht, warum deine Mutter das braucht«, sagte sie, ohne den Blick von den Fernsehnachrichten aus Berlin und Brandenburg abzuwenden.

Bettina erledigte irgendetwas nach der Beerdigung. Auf dem Tisch zwischen meiner Großmutter und mir stand das kleine silberne Döschen mit Tabak, daneben Aschenbecher und Zigarettenpapier. Ich durfte hier rauchen. In den Nachrichten wurde über den Tod meines Großvaters berichtet. »Weißt du, Bettina ist sonst so klug, aber es musste bei ihr immer so sein: Der Papa war der Gute und ich die Böse, sie brauchte das so. Nur den Papa nicht kritisieren! Sie könnte mal anfangen, ihn als Menschen zu sehen, der seine Schwächen hatte.«

In den Nachrichten wurde über Proteste gegen eine Fabrik in einer Kleinstadt berichtet, ihr Besitzer sprach irgendetwas in die Kamera. Ich starrte auf den Bildschirm und versuchte, mich auf die Sendung zu konzentrieren, die mich nicht interessierte. Gudrun schimpfte unterdessen über Stephan, hielt aber inne, wenn im Fernsehen ein Beitrag über ihn lief und sie einen Fehler in den biografischen Angaben entdeckte. Dann schimpfte sie auf die schlampigen Journalisten aus Westdeutschland. Ich wusste nicht, warum der Brandenburger Bürgermeister so wütend über die Proteste war, die sich nicht gegen ihn richteten, und warum er meinte, sie ruinierten den Ruf der Stadt. Ich war müde.

»Stephan Hermlin« hieß mein Großvater, wenn meine Großmutter über ihn sprach, nicht Stephan. Es klang, als sei er ein Fremder für sie, eine Figur der Zeitgeschichte. Der Schriftsteller Stephan Hermlin mit seinem beeindruckenden Leben, seinen vielen Kontakten und Beziehungen, seinem Talent und Wissen. Nicht: Stephan, der Vater ihrer Tochter, der Mann, von dem sie sich nach rund zehnjähriger Ehe hatte scheiden lassen und mit dem sie durch das gemeinsame Kind noch Jahrzehnte zumindest indirekten Kontakt gehabt hatte. Wenn sie über ihn sprach, erinnerte sie mich an meine Freundin, wenn sie über ihren liebsten Popstar redete; ich konnte hören, wie sehr sie sich an seine Seite sehnte, und fragte mich, ob sie wohl selbst gerne im Rampenlicht stünde.

Gudrun tat, was sie ihrer Tochter vorwarf: Sie verehrte Stephan, in ihren Erzählungen wurde er zum Idealbild des feingeistigen Dichters. Die Verehrung war kriecherisch, Neid und Missgunst überlagerten die Bewunderung. Sie war überzeugt, dass sein Ruhm – den sie überschätzte – trotz seiner Berechtigung nur deshalb existierte, weil Stephan sich trickreich und gekonnt inszenierte, weil er verführte und seine geistige Überlegenheit ihm Macht über andere verlieh.

Vermutlich hat Gudrun spätestens nach der Trennung von meinem Großvater ihre ambivalente, zwischen hingebungsvoller Verehrung, Neid und vernichtender Verachtung schwankende Beziehung zu meinem Großvater auf meine Mutter übertragen. Beides – sowohl Gudruns Bewunderung für Stephan als auch ihr Hass auf ihn – spiegelte ein antisemitisches Kontinuum: die Fantasie von der Überlegenheit der Juden und den Neid auf sie.

Wenn meine Großmutter über die hohe Intelligenz, das Talent, die Netzwerke, den Einfluss meines Großvaters sprach, fiel das nicht weiter auf. War er denn nicht wirklich intelligenter, talentierter und vernetzter als andere? Nachdem Stephan aus Gudruns Leben verschwunden war, lebte sie im Gefühl, dass er als mächtiger Gegner in ihrem Leben auftrat. Sie und ihr neuer Mann Harry beschäftigten sich damit, welchen Einfluss Stephan auf Bettina hatte. Dieser Einfluss, so fürchteten sie, würde dazu führen, dass sich das Kind gegen die DDR richten und ihr schaden würde.

In antisemitischen Vorstellungen sind es Juden, die für Unruhe sorgen; die das Kaiserreich, das Volk, den inneren Zusammenhalt, die Araber:innen, den Sozialismus, den Kapitalismus oder den Weltfrieden bedrohen; sie haben fast jede gesellschaftliche Krise zu verantworten, zuletzt sowohl Corona wie auch die Maßnahmen gegen Corona.

Meine Großmutter und Bettinas Stiefvater begannen bald, über Bettina zu berichten. Meine Mutter sagte später, sie habe im März 1990 plötzlich, wie in einer Art von Eingebung, gewusst, dass Gudrun ihr IM gewesen sei. Aber schon als Kind war ihr nicht entgangen, dass ihr Stiefvater ihr Zimmer durchsucht hatte; sie hatte erfahren, dass ihre

Mutter im Auftrag der Stasi in den Westen fuhr. 1968 war ihr aufgefallen, dass ihr Vater plötzlich nicht mehr offen mit ihr sprechen wollte. Es war der Tag, an dem sie im RIAS gehört hatte, dass er eine Solidaritätsbekundung für Alexander Dubček in die tschechische Botschaft gebracht hatte. Sie war zu ihrem Vater gefahren und hatte ihn nach den Vorgängen in der Tschechoslowakei gefragt. Er hatte versucht, ihr auszuweichen.

Sie hat mir diese Erinnerung so oft erzählt, dass sie zu meiner eigenen geworden ist: Ich stelle mir meinen Großvater in seinem Arbeitszimmer vor, wie so oft mit seiner Pfeife im Mund; ich sehe den bücherbeladenen Schreibtisch, Stapel von mit Schreibmaschine beschriebenem Papier, alte Zeitungen. Nach einigem Hin und Her geht Stephan, Bettinas Nachfragen leid, zum Schreibtisch, reißt eine Schublade auf und wirft ihr wütend aus französischen, russischen und westdeutschen Zeitungen ausgeschnittene Artikel über die Situation in der Tschechoslowakei entgegen. Er hält eine Zeitung in der Hand, die er schüttelt: »Sie schreiben vom Juden Goldstücker und von zionistischer Verschwörung, verstehst du?!«

Es war der Moment, in dem meine Mutter verstand, wie verzweifelt ihr Vater war. Erst durch die Akteneinsicht in den 90er-Jahren erfuhr Bettina von einem Treffen ihrer Eltern: In Gegenwart des Anwalts Friedrich Kaul hatte Gudrun Stephan mitgeteilt, er habe jegliche politische Beeinflussung seiner Tochter zu unterlassen. Hatte er versucht, Bettina auszuweichen, weil Gudrun Druck auf ihn ausgeübt hatte?

In Bettinas Erinnerung war diese Szene kurz nach der Besetzung der Tschechoslowakei die zweite Situation, in der sie ihren sonst immer gefassten Vater schreiend erlebt hatte. Wenige Monate zuvor hatte sie ihn gefragt, was es bedeute, jüdisch zu sein. Er war zornig die Treppe in den ersten Stock hinaufgelaufen und hatte – wie meine Mutter schwört, ohne suchen zu müssen – einen Band der Lenin-Gesamtausgabe aus dem Regal gezogen und mit einem Griff die Stelle aufgeschlagen, in der es heißt, der Sozialismus kenne keine »Rassenfragen«, nur Klassenfragen.

Ein Kind als Parasit. Der feindliche Einfluss des Vaters sickerte in die Wohnung der Mutter. Der Prager Frühling markierte eine Zäsur: Stephan identifizierte sich mit den demokratischen Sozialist:innen. Wo das hinführen würde, konnte man nicht sicher sagen. Mein Großvater war ein geachteter Schriftsteller mit kommunistischer Vergangenheit und Überzeugung; aber was, wenn so einer am Ende doch wankelmütig ist, mit gespaltener Zunge spricht, sich auf die andere Seite schlägt?

Die Gefahr aus dem Inneren entfernen. Auch wenn es um das Kind ging, Teil von einem selbst; es ging doch um etwas Größeres, den sozialistischen Staat. Knapp zwei Jahrzehnte nachdem es um den Schutz des deutschen Volkes vor den Juden gegangen war, begannen Gudrun und Harry, den Sozialismus vor meinem Großvater und meiner Mutter zu schützen.

Der Arzt verschrieb Medikamente, die vielleicht helfen würden. »Bettina muss jetzt darüber hinwegkommen, das Leben geht weiter«, sagte eine ihrer Freundinnen.

»Wann wusstest du es?«, fragte ich meine Mutter immer wieder und bekam immer wieder neue Antworten.

Bettina erinnerte sich, wie Gudrun eines Tages blass nach Hause gekommen war. Sie hatte Bettinas Zimmertür geöffnet und ihr mitgeteilt, dass sie manchmal im Westen Kulturveranstaltungen für die Staatssicherheit besuche. An diesem Tag war sie die Treppe am Bahnhof Zoo heruntergefallen. Ihre Knie waren aufgeschlagen, getrocknetes Blut klebte an ihren Beinen. Sie hatte Angst gehabt, ins Krankenhaus zu müssen. Was würde in einem solchen Fall mit Bettinas jüngerer Schwester passieren?

»Sie ist die Treppe runtergefallen«, sagte meine Mutter mit einem erstickten Lachen in der Stimme und schaute an mir vorbei, »weil ihr jemand hinterhergelaufen ist oder weil sie dachte, dass ihr jemand hinterherläuft.«

In den Wochen danach regelte Gudrun die Formalien: Die jüngere Schwester meiner Mutter sollte bei einer befreundeten Familie aufwachsen, würde sie im Westen festgenommen werden. Da habe sie also von der Stasi gewusst, sagte Bettina. Dass ihre Mutter auch sie selbst bespitzeln würde, hatte sie dennoch bis 1990 nicht geahnt.

In den folgenden, wenigen Jahren bis zu meinem Auszug mit siebzehn saßen wir abends oft zusammen in der Küche und redeten. Zum ersten Mal hatten wir Zeit zu zweit, und als sei die Anwesenheit ihrer Exmänner bisher der Grund für ihr Schweigen gewesen, begann sie nun, zu sprechen: über ihre jüdische Herkunft, die Stasi, Corino, Thomas, Antisemitismus, die Zeit ihrer Ausbürgerung aus der DDR. Die Akten bedeuteten auch eine intellektuelle Herausforderung. Wie alle Texte, die ich nicht verstand, las ich sie wieder und wieder. Wer war ich, wer war meine Mutter noch, wenn wir von einer Geschichte ausgingen, die von niemandem bezeugt wurde und die wir selbst nicht erklären konnten? Abend für Abend puzzelten wir eine neue Version unserer Geschichte zusammen, indem wir einander erzählten, was wir gelesen hatten und was wir erinnerten.

Bis zu ihrer Akteneinsicht 1995 war Bettina davon ausgegangen, dass ihre Beobachtung in der elften Klasse begonnen hatte. Damals hatte sie sich mit Sibylle Havemann angefreundet, die neu in ihre Klasse gekommen war. Sibylles Vater Robert Havemann war der wohl bekannteste Oppositionelle der DDR, sein Haus war – ähnlich wie die Wohnung Wolf Biermanns – über Jahre ein Treffpunkt von Dissident:innen gewesen. In den 70er-Jahren hatte der Schriftsteller Jürgen Fuchs mit seiner Familie in einem Haus auf dem Grundstück Havemanns gewohnt, im September 1989 wurde dort das *Neue Forum* gegründet.

Bettinas erste Erinnerungen an das Gefühl, dass etwas nicht stimmte, führten in die Zeit nach den Schulferien 1971: In einer Deutschstunde war es um ein Gedicht von Volker Braun gegangen. Aus der Diskussion über das Gedicht war eine Debatte über die Verbrechen Stalins geworden. Wie es zu diesem Themenwechsel gekommen war, wusste meine Mutter nicht mehr, wohl aber, dass die Klasse sich sehr schnell in drei Gruppen geteilt hatte: Während Sibylle, Bettina und einige andere von den Stalinschen Lagern, den Verfolgungen, den Prozessen und den Toten sprachen, stellte sich heraus, dass die meisten ihrer Mitschüler:innen von diesen Verbrechen nichts wussten und sie bestritten; eine kleinere Gruppe hörte der Debatte schweigend zu. »Es muss eine schwierige Situation für die Lehrerin gewesen sein«, lächelte meine Mutter in der Weise, wie sie es tut, wenn sie sich erinnert und dabei Empathie für Menschen aufbringt, die sie nicht geschützt haben.

Bettina besuchte die Russischschule, eine Schule für begabte Kinder und somit einen Ort, an dem sich die Kinder der DDR-Eliten nicht nur trafen, sondern auch übten, einander zu bekriegen. Von der schmallippigen Linientreue des Sohns eines Redakteurs des *Neuen Deutschland* ist sie noch heute so irritiert, dass sie die Schultern hochzieht, wenn sie über ihn spricht. In Bettinas Schule trafen durch die Kinder die unterschiedlichen politischen Kulturen der DDR aufeinander. So wie überall erkannten und bekannten sich die Kinder vermutlich durch mehr oder weniger gut verschlüsselte, teilweise unbewusste oder aber beabsichtigte kulturelle Codes und sortierten sich in entsprechende Gruppen bzw. wurden in sie einsortiert. Sicher ist, dass es in der DDR, wie in allen von Gewalt und Denunziation geprägten Systemen, Kinder und Jugendliche gab, die in den Klassenräumen und Schulfluren schon gelernt hatten, andere ans Messer zu liefern – und dafür von Lehrer:innen bestätigt wurden.

Mehrere Jugendliche berichteten zu Hause beim Abendbrot von der Diskussion im Unterricht; um Ordnung besorgte Eltern informierten unter anderem die Kreisparteileitung der SED, die wiederum am frühen Morgen des Folgetages telefonisch meine Großmutter informierte, die Bettina ohrfeigte und Hausarrest aussprach. Nur zur Schule durfte sie weiter gehen. Die Blicke der Mitschüler:innen, die sich morgens vor dem Gebäude versammelten, und das Tuscheln auf den Gängen verrieten, dass Gerüchte die Runde machten.

Aus nicht enden wollenden Versammlungen der Lehrer und Eltern sickerte in den nächsten Tagen durch, dass Sibylle, Bettina und die, die auf ihrer Seite diskutiert hatten, von der Schule verwiesen werden sollten. Woche für Woche thematisierte der Klassenlehrer, der zugleich Staatsbürgerkunde unterrichtete, die Diskussion und ihre Folgen in der Klasse. Eines Tages schließlich bat er Bettina nach dem Unterricht, noch einen Moment zu bleiben, da es etwas zu besprechen gebe: Die Situation in der Klasse sei schwierig, er brauche ihre Hilfe, sie sei so klug und habe einen guten Blick für Menschen, sie könne verstehen, was in der Klasse vor sich gehe, er vertraue ihr und brauche sie.

Meine Mutter sagte später, sie sei unsicher, ob sie den Mut gehabt hätte, Nein zu sagen, hätte sie damals verstanden, dass ihr Lehrer sie für die Staatssicherheit anzuwerben versuchte. So aber hatte sie ihm geantwortet, dass sie leider nicht helfen könne, da sie die Situation so wenig verstehe wie er und keineswegs einen guten Blick für Menschen habe. Sie gingen unverrichteter Dinge auseinander.

Sibylle und Bettina begannen, an den Nachmittagen und Wochenenden regelmäßig zu Sibylles Vater nach Grünheide zu fahren, Bettina hatte das Gefühl, es in Berlin nicht mehr auszuhalten. So wurde sie eher zufällig Teil des Kreises, aus dem wenige Jahre später Dutzende Personen ausgebürgert, drangsaliert oder ins Gefängnis geworfen wurden.

Die Zeit der Ausbürgerung Wolf Biermanns 1976 bewies meiner Großmutter erneut, was sie befürchtet hatte: Stephans Einfluss auf Bettina. Bevor ich die Geschichte der Ausbürgerung von meiner Mutter hörte, hatte ich sie viele Male von Gudrun gehört. »Sie hat sich aufgespielt und nie an deinen Bruder gedacht«, sagte sie, »vielleicht wollte sie ihren Vater beeindrucken.« Wenn wir umzogen, Bettinas Liebesgeschichten zu Ende gingen oder wir Kinder Probleme hatten, bewies das in den Augen meiner Großmutter Bettinas Unverantwortlichkeit und Egoismus. Ging es uns hingegen gut, deutete Gudrun dies als Glück: Dank unserer eigenen Ressourcen überstanden wir gegen alle Wahrscheinlichkeit unsere Kindheit.

Wenn meine Mutter etwas Positives oder nichts über ihren Vater sagte, war dies ebenso Beweis für seinen Einfluss wie ihr Interesse an Ästhetik. Ihr Talent, ihre Schönheit und Intelligenz waren sein Erbe, ebenso ihre Kälte oder dass sie zu viel Geld ausgab. Ihre Angewohnheit, mit zu vielen Männern zu schlafen, erinnerte meine Großmutter an meinen Großvater, der mit zu vielen Frauen geschlafen hatte. Über den Männern, die Bettina verführte, vergaß sie ihre Kinder, behauptete meine Großmutter, und beinahe hätte ihre Männersucht meinen Bruder getötet.

Wie schon beschrieben, kann ich nicht sicher sagen, woher mein Misstrauen gegenüber meiner Großmutter rührte. Aber ihre ständigen Erzählungen über die Sexualität meiner Mutter, mit denen sie mich schon im Kindergartenalter quälte, spielten dabei eine wichtige Rolle. Sie war wie besessen von ihr. Sexualität war ein Geheimnis, von dem ich wie alle Kinder nichts wusste und auch nichts wissen wollte. Gudrun nahm nicht wahr, dass ich mich vor diesen Geschichten ekelte, in denen sie meine Mutter (ebenso wie meinen Großvater) als hypersexuellen, ihrem Trieb unterworfenen Menschen beschrieb. In Gudruns Erklärungen war es Bettinas Sexualität, die verhinderte, eine gute Mutter für uns sein zu können. Der Neid, von dem ihre Geschichten durchzogen waren, blieb mir nicht verborgen.

Sie sah mich nicht, wenn sie so sprach, manchmal schien es mir, als würde sie mit sich selbst sprechen. Sie brauchte keine Fragen oder Anlässe, um zu den Themen zu kommen, die ihr wichtig waren, und passte das Verhalten meiner Mutter ihren jeweiligen Erzählungen an. Ideologisches Erzählen funktioniert so, es wird nicht durch die Realität irritiert. Den Blick, den Gudrun auf ihre Tochter hatte, konnte man nicht verändern.

Bettina schien nichts von ihr und alles von ihrem Vater

zu haben. Ich spürte, wie enttäuscht meine Großmutter war, wenn ich von Dingen berichtete, die nicht in ihre Vorstellungen von meiner Mutter passten. Dass sie stets auf Geschichten hoffte, die ein schlechtes Bild meiner Mutter zeichneten, nutzte ich auf meine Weise: Gudrun führte mich zum Shopping aus, um mir all die Dinge zu kaufen, von denen meine Mutter behauptete, dass dafür kein Geld da sei. Danach saß ich in neuen Jeans im Wohnzimmer meiner Großmutter und bezahlte mit Geschichten: wie viel Thomas und meine Mutter zum Schluss gestritten hätten und dass ich nachts davon aufgewacht sei.

Gudrun dachte vielleicht, dass ich unbedarft erzählte, dass sich meine Erzählung aus einem Vertrauen zu ihr ergab, aber inzwischen hatte ich das Spiel durchschaut; ich wusste, was und wie viel ich preisgab. Sie vergaß sich in ihrer Neugier und ihrem Neid, merkte nicht, dass ich die Wirkkraft ihrer suggestiven Kommentare und rhetorischen Fragen kannte. Es war nicht mehr eindeutig, wer die Macht über Kommunikation und Informationen hatte. Erzählen war zu einem korrupten Spiel geworden, bei dem der Anschein von Authentizität und Zufälligkeit zur Manipulation gehörte. Ich beobachtete ihre Reaktionen auf meine Geschichten genau. Ich log nicht wirklich, sondern wählte aus und setzte neu zusammen. So, wie sie auswählte und neu zusammensetzte.

Als ich nach einem dieser Gespräche die Wohnung meiner Großmutter verließ, saß in einem der Höfe zwischen den Plattenbauten ein Nazi auf einer Schaukel. Unbemerkt in der Dunkelheit, könnte man schreiben – oder aber auch mitten auf dem Platz, direkt neben einer Laterne, die Leute in den Platten müssen ihn von ihren Fenstern aus gesehen haben. Ich hatte grüne Haare, blieb unter einer der Laternen stehen und starrte zu ihm rüber. Der Nazi regte sich nicht. Ich ging weiter.

Die Stasi-Dokumente zeigten, dass Bettinas Observation durch die Staatssicherheit früher begonnen hatte, als sie angenommen hatte – 1967. Meine Großmutter bestritt später, von Harrys Tätigkeit gewusst zu haben. Möglich, dass sie, bezogen auf die frühen Berichte, die Wahrheit gesagt hat.

Bettina hatte zu dieser Zeit einen Brieffreund: Anton, der in der Bundesrepublik lebte. Sie spielten beide Gitarre und schrieben sich von den Musikstücken, die sie übten; manchmal tauschten sie Noten aus. Eines Tages erhielt Bettina Post von Antons älterem Bruder Conrad: Anton war bei einem Unglück in der Ostsee ums Leben gekommen. Die Brüder hatten ein enges Verhältnis zueinander gehabt, und so kam es, dass Conrad sich seine Trauer in langen Briefen an Bettina von der Seele schrieb. Als Conrad nach Westberlin zog, besuchte er sie regelmäßig.

Antons und Conrads Vater arbeitete für die NATO. Aus der Logik der Feindschaft gegen alle, die nicht an den autoritären, hohlen Sozialismus der SED glaubten und sich eigene Vorstellungen machten, hatte Bettinas Stiefvater Harry die Staatssicherheit schon 1967 über die Kinderfreundschaft und den Briefwechsel informiert, zumal ihm auch Bettinas Vater politisch verdächtig erschien. Es dauerte nicht lange, und das Engagement des Stiefvaters führte zur Überwachung Conrads, der schließlich nicht mehr in die DDR einreisen durfte. Vielleicht hat Bettina die Beobachtung durch die Staatssicherheit erst nach der Diskussion über Stalin bemerkt, weil erst ab diesem Zeitpunkt Menschen außerhalb ihres Zuhauses die Beobachtung übernahmen.

Meine Großmutter erzählte, auf ihrem Sofa sitzend, von den Ausflügen nach Westberlin, von der Aufregung, wenn ein berühmter Schauspieler bei einer Premiere auftauchte, von ergatterten Autogrammen, vom Glück, mit einem Regisseur ins Gespräch zu kommen, weil sie die Einzige war, die Französisch sprach. Die Erzählungen über Menschen, deren Namen ich noch nie gehört hatte und deren Filme mir nichts sagten, langweilten mich, aber da war eine Anspannung in ihrem Körper, die bis in die Stimmbänder vordrang und ihre Atmung veränderte. Gudrun hatte damals für eine Zeitschrift gearbeitet, und manchmal hatte jemand ihren Chefredakteur angerufen; dann war sie nach Westberlin gefahren, wo sie sich Filme und Ausstellungen ansah und sich für ihre Berichte und Aufträge in der Kunst- und Kulturwelt herumtrieb. So hat sie es später erzählt. Ob es stimmt, weiß ich nicht. Als ich die neunte Klasse besuchte, erwähnte meine Deutschlehrerin, dass Bürger:innen der DDR das Land nicht hätten verlassen können. Schon wieder so ein Klischee über den Osten, dachte ich. In der Pause sagte ich zu ihr, dass meine Großmutter sehr wohl zur Arbeit nach Westberlin gefahren sei, und fühlte mich der Lehrerin überlegen. Ihre Stirn kräuselte sich, dann murmelte sie irgendetwas wie »ungewöhnlich«.

Auf dem Weg nach Hause flogen die Häuser am S-Bahn-Fenster vorbei und ich ahnte schon, dass die Auflösung dieser Situation wieder etwas mit der Stasi-Akte zu tun haben würde, aber ich kam nicht drauf, was es sein könnte. Abends, als meine Mutter nach Hause kam, fragte ich sie, ob Bürger:innen der DDR sie verlassen konnten. Sie kräuselte die Stirn ähnlich wie meine Lehrerin und antwortete: »Aber das weißt du doch!«

Das wusste ich doch. Als hätte ich jemals irgendetwas

sicher über die DDR gewusst, die nicht mehr existierte, außer in Erzählungen, die einander widersprachen. Gudrun überzeichnete Erinnerungen, setzte sie neu zusammen oder ließ ihr Ende so aus, dass sie sich in Erfindungen verwandelten, die sie unbemerkt unter Erzählungen und Erinnerungen mischte. Die Erzählungen über ihre Fahrten nach Westberlin hatte ich immer gekannt, sie waren kein Geheimnis gewesen. Dass sie als IM der HVA (Hauptverwaltung Aufklärung) registriert war, dem beim Ministerium für Staatssicherheit angegliederten Auslandsnachrichtendienst der DDR, erfuhr ich hingegen später. Die banalsten Geschichten standen nun auf dem Prüfstand, und mein Gedächtnis war voller Erzählungen, die durch die zunächst ausgelassene, nun hinzukommende Geschichte der Staatssicherheit eine neue Färbung bekamen. Das Resultat war wie eine privilegierte Form von Gedächtnisverlust: Ich verfügte über Erinnerungen, nur wusste ich nicht mehr, welche wahr, welche vielleicht erlogen waren. Ich wusste, dass ich den an mich weitergegebenen Erinnerungen nicht vertrauen sollte, widersprüchliche Informationen und Erzählungen lagerten übereinander. Meine Mutter hatte meinen Bruder in der Wohnung gelassen, wo er fast verhungert war. Zum Glück hatte die Großmutter meinen Bruder noch rechtzeitig gefunden, dachte ich – bis mir wieder einfiel, dass diese Geschichte erlogen war. Im Zwischenraum von Wahrheit, Gerücht und Lüge konnte ich zwar erkennen, worum oder um wen es ging, dennoch entstanden immer neue Versionen von Wirklichkeit. »Gegen einzelne Personen gerichtete Maßnahmen der Zersetzung waren […] die ›systematische Diskreditierung des öffentlichen Rufes, des Ansehens und des Prestiges auf der Grundlage miteinander verbundener wahrer, überprüfbarer diskreditierender sowie unwahrer, glaubhafter, nicht widerlegbarer und damit ebenfalls diskreditierender Angaben‹«, las ich später auf der Website der BSTU (Bundesbehörde für die Stasi-Unterlagen) unter dem Stichwort »Zersetzung«.[29]

Gudrun war eine nette Großmutter, sie spielte mit den Kindern, kümmerte sich, nahm unsere Sorgen ernst, war in ihrer Weltgewandtheit offen für Neues. Nachdem die Mauer gefallen war, hatte sie Frankreich und Jordanien bereist, sie zeltete und kletterte, hörte neue Bands, die sonst eher Jugendliche hörten, und fachsimpelte mit uns über sie. Sie wurde schnell in neuen Kreisen aufgenommen, stand in Verbindung mit Bettinas Freund:innen, aber auch mit einem Freund meines Bruders. Für viele gehörte sie bald dazu. Meine Großmutter belog nicht nur mich, sondern auch andere Menschen, die Bettina nahestanden: Die Mutter von Nina, meiner Bremer Freundin, hatte durch meine Großmutter von Bettinas angeblichen psychischen Erkrankungen erfahren, Bettinas Freund von ihrer vermeintlichen Drogensucht. Gudrun bemühte sich darum, mit Menschen aus Bettinas Freundeskreis in Kontakt zu bleiben. Manche von ihnen telefonierten gelegentlich mit Gudrun und erzählten ihr, was bei uns los war. Manchmal geschah es, dass mir Erzählungen meiner Großmutter als Fragen oder Meinungen von Erwachsenen in meinem Umfeld wiederbegegneten. Manche – wie die Geschichte der Drogensucht, auf die die Mutter einer Freundin eines Tages plötzlich rekurrierte – waren leicht zu erkennen. Ich hörte den Fragen der Erwachsenen in meinem Umfeld mit Misstrauen zu, auf der Suche nach Hinweisen, ob durch sie Fragen meiner Großmutter an mich herangetragen wurden.

Irgendwann zwischen der Rückkehr meiner Mutter aus Berlin und unserem Umzug nach Frankfurt war auf einmal diese Pfarrerin da. Sie gab Religionsunterricht an meiner Schule, ich kannte sie schon lange vom Sehen, sie hatte blondes kinnlanges Haar und einen hüpfenden Gang, als sei gerade etwas Gutes passiert. In den Pausen und Freistunden bewegte sie sich so geschickt zwischen uns Schüler:innen, dass sie immer zur Stelle war, wenn es ein Problem gab. Ich ging nicht in den Religionsunterricht, kannte sie deshalb kaum, aber auf einmal tauchte sie dauernd und wie selbstverständlich in meiner Nähe auf. Ich hörte nicht hin, wenn sie mit anderen Kindern sprach, und war doch sicher, dass sie eigentlich nur auf mich wartete, eigentlich nur mir zuhören, eigentlich nur für mich da sein wollte. Und dann, eines Tages, riss sie während des Deutschunterrichts die Tür auf und sagte, sie müsse mich mal mitnehmen. Wir verbrachten die ganze Deutschstunde auf einer der Bänke am Rand des leeren Schulhofs. Sie hörte sich alles an, was aus mir heraussprudelte, und nickte stumm vor sich hin. Dann erklärte sie, dass es der Großmutter bestimmt leidtue, dass es für Menschen schwer sei, sich zu entschuldigen, wenn sie ein schlechtes Gewissen hätten. Dass es wichtig sei, alten Menschen gegenüber nachgiebig zu sein und ihnen zu verzeihen.

Danach entdeckte sie mich nie mehr, so geschickt sie sich auch zwischen den Problemkindern bewegte. Die Pfarrerin war die Erste, die mir erklärte, dass ich meiner Großmutter verzeihen müsse. Es folgten viele weitere.

Ungefähr drei Jahre nach der Akteneinsicht – wir lebten schon in Frankfurt – war Bettinas erster Brief fertig, rund sechs Monate nachdem sie ihn abgeschickt hatte, las ich die Antwort meiner Großmutter: »Ich habe von nichts gewusst. Liebe, schöne, kluge, kalte Tochter, Du verstehst so viel. Was Du leider nicht verstehst, ist, dass es mehr als eine Wahrheit gibt. Ich habe Dich lieb, das weißt Du, aber Deine Schwäche ist immer gewesen, dass Du glaubst, dass nur Du die Wahrheit kennst und keine Kritik an Deinem Standpunkt zulässt. Warum musst Du so etwas über mich glauben, warum willst Du eine böse Monstermutter haben?« Als ich fertig war und aufsah, fragte meine Mutter: »Kannst du mir bitte sagen, ob ich verrückt bin?«

»Nein«, antwortete ich. Meine Großmutter hatte oft gesagt, ich sei ein Mamakind, ich würde alles glauben, was die Mama sagt.

Bettina schrieb weiter, schrieb und schrieb, jeden Abend, bis sie schlafen ging. Wenn sie im Bett war, holte ich mir kein Wasser mehr aus der Küche, um sie nicht zu stören. Vielleicht würden die Erinnerungen heute Nacht ausbleiben, und sie würde doch einschlafen, aber wenn ich die Tür öffnete, wäre sie wieder wach.

Sie schickte den nächsten Brief ab. Jeden Tag, wenn ich mittags nach der Schule in die Straße einbog, in der wir lebten, fragte ich mich, ob eine Antwort eingetroffen war. Stattdessen schrieb Gudrun an mich. Sie versuchte, mich davon zu überzeugen, dass alle Probleme daher rührten, dass Bettina ihren Vater unkritisch sah, und teilte mir mit, dass sie an einem Buch über ihre Jahre mit meinem Großvater arbeite. Vielleicht hatte sie wegen der großen Aufmerksamkeit für Corinos Buch entschieden, endlich ihre eigene Chance auf Rampenlicht zu nutzen und zur Wahrheit über Stephan Hermlin beitragen zu wollen.

Ich steckte das Schreiben zurück in seinen Umschlag und zerriss ihn. Wenn meine Mutter ihn entdecken würde, würde sie sehen, dass ihre Mutter mir Briefe schrieb, statt ihr zu antworten. Ich warf die Schnipsel in den Müll, dann holte ich sie wieder heraus, ging zur Straßenbahn, fuhr eine Station, warf sie dort in einen Mülleimer und lief zurück nach Hause. Danach vergaß ich die Sache wieder.

»Ich bin nicht verfolgt worden«, schrieb Gudrun im nächsten Brief. »Ich bin einfach hingefallen. Das ist die Fantasie eines Kindes, die Du beschreibst. Seltsam, dass Du immer noch daran glaubst. Die Formalien habe ich geregelt, aber nicht für den Fall, dass ich festgenommen werde, sondern weil ich das verantwortungsvoll fand.«

Meine Mutter arbeitete tagsüber, schrieb abends, blieb nachts wach. Sie saß dann da mit dem Blatt in der Hand und fragte: »Warum hat sie das gemacht?« Und immer wieder: »Warum hat sie das gemacht?«

Ich musste es verstehen, ich musste es erklären und wusste nicht, wie. Es war wie in einem Krimi, in dem ein Rätsel gelöst werden muss, um zu verhindern, dass die Bombe hochgeht. Wie viel Zeit würde mir bleiben, um zu verhindern, dass meine Mutter glaubte, sie sei verrückt?

Meine Großmutter hatte kein Gefühl für Unrecht. Vielleicht konnte sie sich deshalb an nichts erinnern: Für sie blieb das, was sie getan hatte, harmlos und rechtens. Sie verstand nicht, was sie ihrem Kind angetan hatte – dass sie es übersehen hatte, dass es hinter dem als übermächtig imaginierten Vater verschwunden war. Das Kind war die Nebenfigur eines Spiels, in dem es um etwas Größeres ging, der Einzelne nicht zählte. Konnte verhindert werden, dass ein Kind sich zur Staatsfeindin entwickelte? Leben als Experiment zur Frage, ob sozialistische Erziehung funktionierte.

Rechnungen, Werbung oder Urlaubspostkarten – kein an meine Mutter adressierter Briefumschlag in der Handschrift meiner Großmutter. Stattdessen wieder Post für mich. Diesmal schrieb Nina, ihre Handschrift erinnerte noch an die Zeit, als wir Kinder waren, auch ihre Adresse war noch dieselbe. Wie viele Jahre das her war. Sie schrieb von der Schule, von ihrem Bruder und ob ich sie mal besuchen wolle. Jede:r aus ihrer Familie hatte unter den Brief noch einen Satz geschrieben.

Ich fuhr für ein Wochenende in die flache Landschaft. Das Wohnzimmer war noch so eingerichtet wie früher, selbstverständlich war das Haus viel kleiner als in meiner Erinnerung. Abends saßen wir zusammen beim Wein. Das letzte Mal, als wir uns gesehen hatten, waren wir noch nicht einmal in der Pubertät gewesen; nun waren wir fast erwachsen.

»Ich muss dir sagen«, begann Ninas Mutter, »ich habe Nina auf die Idee gebracht, dir zu schreiben.« Sie erzählte, dass sie mit meiner Großmutter im Kontakt stehe und dass es immer mehrere Wahrheiten gebe. Sie sei die Letzte, die urteilen wolle, sagte sie, dass sie ja zum Glück nicht aus der DDR sei und deshalb auch nicht urteilen könne. Aber was auch immer passiert sei, niemand sei allein schuldig, wenn es zu einem Streit komme. Menschen machten Fehler. Konnte man sich nicht einfach einen Ruck geben? Konnte man wirklich sagen, dass man selber ganz und gar unschuldig sei und jemand anderes gänzlich böse? Gab es nicht in jedem Streit zwei Seiten, und die Wahrheit lag in der Mitte?

»Großemama und ich haben uns gefragt, ob nicht wenigstens du das anders sehen kannst. Großemama denkt, dass du deiner Mama sowieso immer alles glaubst, aber ich habe ihr gesagt: Mal abwarten. Du hattest es ja auch schwer mit Bettina und bist jetzt alt genug, um kritisch zu sein.«

Unter den Dokumenten im Schrank mit den Steuer- und Stasi-Unterlagen befanden sich auch Unterlagen aus Bettinas Schulzeit: alte Hefte, Einladungen zu Veranstaltungen und Elternabenden. Meine Großmutter war über mehrere Jahre Elternsprecherin; man erkennt an den Notizen, dass sie ihre Aufgabe darin gesehen hat, Eltern zu vermitteln, was die Schule wollte, nicht umgekehrt. Sie berief Treffen ein, wenn es in der Schulklasse schwierige Diskussionen gab; sie überlegte sich gemeinsam mit den Lehrer:innen Maßnahmen, die alle Familien zu Hause einleiten sollten, um bestimmte Vorkommnisse in der Schule zu unterbinden; sie schrieb Berichte darüber, wie zufrieden sie war, wenn solche Maßnahmen Wirkung zeigten.

»In der Deutschen Demokratischen Republik haben Staat und junge Generation zum ersten Mal in der deutschen Geschichte gemeinsame Interessen und Ziele«, hieß es im Jugendgesetz der DDR von 1964. Und in seiner Fassung von 1974: »Die Entwicklung der jungen Menschen zu sozialistischen Persönlichkeiten ist Bestandteil der Staatspolitik der Deutschen Demokratischen Republik und der gesamten Tätigkeit der sozialistischen Staatsmacht. Sie wird gewährleistet durch [...] Lehrer und Erzieher. Sie wirken dabei mit allen Bürgern und allen in der Nationalen Front der Deutschen Demokratischen Republik vereinten Parteien und Massenorganisationen [...] zusammen.«[30]

Das oberste Ziel der Bildungspolitik in der DDR war nicht die – in demokratisch verfassten Staaten garantierte – freie Persönlichkeitsentwicklung von Kindern. Die ideologische Erziehung zielte auf ein Menschenbild ab, das Individualität ausschloss; pädagogische Einrichtungen wurden zu Institutionen von Normierung und Zwang, für

Kinder und Jugendliche, die sich nicht einfügen konnten oder wollten, waren sie oft Orte institutionellen Terrors.

Während sich die Gesellschaft der alten Bundesrepublik in den Jahrzehnten nach dem Krieg kulturell demokratisierte und insbesondere an Universitäten und Schulen das Recht auf Kritik erstritten wurde, lernten Kinder und Jugendliche in der DDR durch den Besuch von Kindergärten und Schulen Gehorsam und Anpassung. In den von Walter Ulbricht auf dem 5. Parteitag der SED 1958 vorgestellten »10 Geboten der sozialistischen Moral« haben alle »Gebote« Bedeutung für die Erziehung von Kindern. Sie sollten, wie es im achten »Gebot« heißt, nicht nur zu »charakterfesten«, sondern auch zu »körperlich gestählten« Menschen erzogen werden. Die Durchdringung von »sozialistischer Moral« und heteronormativer Ordnung von Geschlechterbeziehungen, Sexualität und Körpern erinnert an nationalsozialistische Vorstellungen.

Das Gefühl, dass staatliche Kontrolle an jeder Ecke lauert, und das Streben danach, nicht aufzufallen, nahmen viele junge Bürger:innen der DDR mit ihren Schulabschlusszeugnissen mit ins Leben. Den Terror, den das Erziehungssystem der DDR für manche Kinder bedeutet hat, hat Daniel Schreiber in seinem Buch *Zu Hause. Die Suche nach dem Ort, an dem wir leben wollen* beschrieben. Er erzählt, dass seine Eltern versuchten, ihn zu beschützen.

Meine Großmutter entschied sich für den umgekehrten Weg. In ihr verbanden sich antisemitische Vorstellungen und die Identifikation mit dem System. Sie lieferte ihr Kind aus und bewies sich zugleich als gute Bürgerin.

1999 schrieb mir meine Großmutter anlässlich einer Reportage, die sie im Fernsehen gesehen hatte, ihre Erinnerungen an die Zeit der Wiedervereinigung. Sie schrieb, was alle schrieben: vom Mauerfall als Sternstunde des Glücks, davon, dass nicht alles in der DDR schlecht gewesen und danach vieles schwierig geworden sei, von Arbeitslosigkeit und fehlender Anerkennung. Sie schrieb über ihre Erinnerungen, aber es waren nicht ihre Erinnerungen. Sie machte die Erinnerungen anderer zur ihrigen – das, was sie schrieb, hatte sie vielleicht in der Zeitung gelesen, zehn Jahre nach der »Wende« waren die Geschichten über DDR und Nachwendezeit schon so oft wiedergekäut worden, dass fast alle sie kannten, fast jeder konnte an ihnen teilhaben, und wenn man sie nacherzählte, wurde niemand misstrauisch.

Gudrun schrieb, wie naiv sie lange Zeit gewesen sei, dass man niemals glauben, sondern immer kritisch hinterfragen solle, davon, wie sie ab den 50er-Jahren allmählich, in kleinen Schritten, angefangen habe zu verstehen. Sie schrieb auch, sie würde meinem Großvater nichts übel nehmen, aber er habe zu lange an seinen politischen Überzeugungen festgehalten – wahrscheinlich, mutmaßte sie, weil er nicht wahrhaben wollte, was wirklich geschah. Vielen Menschen sei das so ergangen, und Stephan Hermlin sei eben auch nur ein Mensch gewesen. Auch wenn sie heute sagen müsse: Sie habe sich lange nicht getraut, ihm zu widersprechen, denn schließlich sei er ein großer Schriftsteller gewesen.

Ich antwortete ihr nicht mehr.

8

Israel im Klassenzimmer

Die iranischen und afghanischen Jugendlichen in meiner Frankfurter Schule kamen aus Familien, die der Kultur meiner Familie ähnelten: linke, aus ihrer Heimat geflohene Intellektuelle. Die jüdischen Jugendlichen befragten mich kritisch nach der Konstellation in meiner Familie, erklärten mir, dass ich nicht jüdisch sei, und luden mich zu Partys im jüdischen Jugendzentrum ein. In den deutschen Familien hörte ich von alten Nazis, die die Eltern meiner Mitschüler:innen in der Schule unterrichtet hatten, und vom Alkohol, in dem die Großväter abends ihre Erinnerungen an den Krieg ertränkten. Ich stellte mir solche Szenen mithilfe meiner eigenen Erfahrungen vor – Johannes' Eltern, die Bushaltestelle. Zum ersten Mal hörte ich Erwachsene von einer Vergangenheit sprechen, die als Vorgeschichte meiner eigenen Erfahrungen auf dem Land Sinn ergab.

»Sind deine Eltern auch 68er?«, fragten die deutschen Jugendlichen einander beim Kennenlernen oft. Auf dem Dorf hatten sich viele nicht getraut, ihre Eltern zu kritisieren, waren ihnen lieber aus dem Weg gegangen. Hier sprachen meine Freund:innen oft mit einem Stolz über ihre Eltern, den ich auf dem Land nicht gekannt hatte. Die Frage, ob meine Mutter 68erin sei, verneinte ich, bis ich verstand, dass 68er ein kultureller Code war, der bedeutete, nicht konservativ oder rechts zu sein. Konservativ oder rechts war meine Mutter noch weniger als 68erin. Wäre Bettina Westdeutsche, wäre sie 68erin gewesen, überlegte ich – vielleicht. Ich übte, zu der Frage vorsichtig zu nicken. Nicht zu sehr, nur angedeutet, sodass mein Gegenüber es als Zustimmung interpretieren konnte, ich aber nicht lügen musste.

Nach wenigen Monaten in der neuen Umgebung wurden Schul- und Unistreiks ausgerufen, die Demonstrationen fanden vormittags statt, unsere Lehrer:innen ließen uns ziehen; sie erkundigten sich nach den Forderungen und diskutierten mit uns darüber. Wir waren stolz auf unsere Schule, die links und in den 60er-Jahren besetzt worden war. Unsere Lehrer:innen erzählten von ihren eigenen Erfahrungen: von der Studentenbewegung, von Hausbesetzungen und heftigen Diskussionen auf langen Plenarsitzungen linker Gruppen. Ich war, so schien es mir, von der Peripherie ins Zentrum der Zeitgeschichte gezogen.

Wir fühlten uns politisch und trugen Zeitungen, die wir kaum verstanden, so unter dem Arm, dass sie jeder sehen konnte. In einer Freistunde, in der besonders hitzig über Israel diskutiert wurde, erfand meine Freundin Nasrin eine Regel: Wer respektlos über den »Gegner« rede, solle fünfzig Pfennig in eine Kasse bezahlen, mit der wir uns später etwas am Schulkiosk kaufen würden. Manchmal wurden die Diskussionen aggressiv, aber die Schüler:innenschaft war so divers, dass sich viele Klischees, kaum in die Welt gesetzt, schon wieder auflösten. Die ersten 50 Pfennig wurden von Nasrin von einer Freundin verlangt, die behauptete, die israelische Armee töte gezielt palästinensische Kinder. Nasrin erklärte, dass es sich hierbei um eine

Neubelebung der antisemitischen Ritualmordlegende handele. Das Mädchen blieb bei seiner Behauptung über die israelische Armee und zahlte nicht.

Ich wollte mich nicht blamieren und schwieg in den Diskussionen, weil ich nichts über Israel wusste. Mit zwölf hatte ich auf einem Flohmarkt meinen ersten »Pali«, ein sogenanntes Palästinensertuch (eigentlich: Kufiya), gekauft – ohne jegliche Kenntnis seiner Bedeutung. Alle alternativen Jugendlichen auf dem Land trugen Mitte der 90er-Jahre Palis, später auch die Nazis.

Nachdem ich ein paarmal mit meinem Pali unterwegs gewesen war, war er wie von Zauberhand verschwunden. Ich machte mir keine weiteren Gedanken darüber, kaufte mir bald einen neuen, der ebenso schnell verschwand. Ich fand den zweiten Pali zu meiner Verwunderung in unserem Backofen wieder und – nach seinem erneuten Verschwinden – in einer hinteren Ecke der Speisekammer. Ich fand das seltsam, dachte aber nicht daran, dass das Tuch absichtlich entwendet und versteckt worden sein könnte. In den zwei Jahren zwischen 12 und 14, in denen ich mich immer wieder bemühte, einen Pali zu besitzen, fand ich diesen mal im Schuppen, mal im Schrank mit dem »guten Geschirr« oder hinter einer Reihe von Platten wieder. Erst Jahre später verstand ich und sprach meine Mutter darauf an, die in schallendes Gelächter ausbrach.

Als wir unsere Lehrerin fragten, ob wir die Geschichte des Nahostkonflikts im Unterricht behandeln könnten, verneinte sie: Die Geschichte des Nahostkonflikts behandele sie nicht, jedenfalls nicht mit *solchen* Schülern, das sei zu komplex. »*Solche* Schüler« – das verstanden wir, ohne dass unsere Lehrerin es erklären musste – waren muslimische Schüler:innen sowie alle, die sie für muslimische Jugendliche hielt – darunter auch die aus marxistischen, atheistischen Elternhäusern stammenden iranischen Jugendlichen, deren Antisemitismus eher links als muslimisch geprägt war. Ihr Antisemitismus wurde – im Gegensatz zum Antisemitismus der deutschen Jugendlichen – wahrgenommen; allerdings blieb diese Wahrnehmung folgenlos.

Nur einen Steinwurf von meiner Schule entfernt hatte etwa dreißig Jahre zuvor, im September 1967, wenige Monate nach dem Sechstagekrieg, ein Kongress des SDS[31] stattgefunden, auf dem eine programmatische Resolution zum israelisch-arabischen Krieg verabschiedet wurde, die eine Wegmarke in der Belebung des Antizionismus innerhalb der Linken darstellte. In der Entschließung positionierte sich der SDS aufseiten der arabischen Freiheitskämpfer. Israel wurde als imperialistisches Projekt gedeutet, von dem die Araber befreit werden mussten. Vermutlich sahen sich die Teilnehmer des Kongresses als Erben des Versprechens, die »unterdrückten Völker der Erde« durch die internationale Solidarität der Arbeiterklasse zu befreien. Schon ab den 1920er-Jahren hatten Teile der kommunistischen Bewegung Juden nicht zu diesen Völkern gezählt und ihnen deshalb nicht das Recht auf einen eigenen Staat zugestanden.

Antizionistische und antisemitische Haltungen spiegelten sich auch im entstehenden Linksterrorismus. Am 9. November 1969 scheiterte ein Attentat linker Terrorist:innen auf die jüdische Gemeinde Westberlins am defekten Zeitzünder der Bombe, die während der Gedenkveranstaltung zum Jahrestag der Pogromnacht hätte explodieren sollen; nach Einschätzung der Polizei hätte sie das Gemeindehaus »zerfetzt«, in dem zu diesem Zeitpunkt fast 300 Menschen versammelt waren. Die Rote Armee Fraktion (RAF) erhielt Waffen und Munition von palästinensischen Terroreinheiten und wurde in palästinensischen Trainingslagern geschult. Bei der Entführung einer Air-France-Maschine 1976 trennten zwei deutsche Terroristen aus Frankfurt in Entebbe gemeinsam mit ihren beiden palästinensischen Kompagnons jüdische Israelis von den anderen Passagieren und richteten ihre Waffen auf sie. Die antiisraelische und judenfeindliche Haltung war dem linken Terrorismus deutlich eingeschrieben.

An der Schule gab es wegen ihrer Nähe zur Synagoge eine sichtbare Minderheit jüdischer Kinder. Die Schülervertretung stritt dafür, Ausflüge oder Klassenfahrten – die oft im September stattfanden – nicht auf die hohen jüdischen Feiertage zu legen; manche Lehrer:innen brauchten hierfür keinen Beschluss und dachten von selbst daran. Einige Schüler:innen trugen Ketten mit Davidsternen, was dazu führte, dass sie über alles Auskunft geben mussten, was in irgendeiner Weise jüdisch war – oder zu sein schien. In Sozialkunde wurde Nadja von unserer Lehrerin gefragt, was sie über Israel denke. Wir wussten schon, worauf die Frage abzielte: Israel war eine hochgerüstete Armee, die gegen barfüßige Menschen mit Steinen in der Hand vorging, ein militärischer Konflikt vor blauem Himmel, in dem die Reichen gegen die Armen kämpften.

Nadja war mit ihren Eltern als Kontingentflüchtling aus der Ukraine nach Deutschland gekommen. Wir hatten uns über Menschen unterhalten, die ständig gefrorenes Gemüse in der Pfanne brieten, seit sie im Westen lebten, weil es praktisch und schnell war, und lachten uns kaputt über die unsinnigen Dinge, die von Leuten »aus dem Osten« für

Luxus gehalten wurden. Jetzt saß Nadja an ihrem Tisch und schaute konzentriert auf die Hand, die sie in ihren Kalender gezeichnet hatte und die, wie sie selbst, einen Bleistift in der Hand hielt. Auf Nachfrage der Lehrerin hatte sie neulich nicht sicher sagen können, in welchem Alter man wahlberechtigt sei; nun sollte sie erklären, welche Haltung sie zum Nahostkonflikt hatte.

Nadja hatte Fotos von sich und ihren Cousinen am Strand in Tel Aviv auf ihren Kalender geklebt. Sie zuckte mit den Schultern. »Ich weiß nicht«, sagte sie, »ich finde es kompliziert. In Tel Aviv gehört zu jeder Wohnung ein Bunker.«

Immer zeichnete sie Hände, überallhin. »Tja«, antwortete die Lehrerin, »die müsste es nicht geben, wenn Israel sich auf Friedensgespräche einlassen würde, oder?«

Nadja zuckte wieder mit den Schultern, sagte aber nichts mehr. Die Lehrerin wirkte zufrieden.

Nach der Stunde standen Nadja und ich am Schulkiosk in der Schlange und warteten. Ich fragte sie nach ihren Zeichnungen. Sie erzählte, dass sie im Flüchtlingsheim zu zeichnen begonnen hatte. Ihre Familie hatte das Zimmer mit einem Künstler aus Kiew geteilt, er hatte ihr die Grundlagen des Zeichnens beigebracht. Sie sollte nicht rausgehen, der Weg ins Dorf war weit, und dessen Bewohner:innen fühlten sich von den Fremden im Flüchtlingsheim gestört. Nachdem einige von ihnen das Heim mit Steinen beworfen hatten, hatten Nadjas Eltern sie kaum noch vor die Tür gelassen. Also hatte sie viel Zeit, um Zeichnen zu üben und von ihrem Lehrer zu lernen, erklärte sie lächelnd. Sie zeichnete fast immer, auch im Unterricht. Weil sie niemanden beschämen wollte, hatte sie irgendwann begonnen, Hände zu zeichnen. Hände sind sehr individuell und persönlich, erklärte sie, aber niemand wird durch sie erkannt.

Unsere Lehrerin wusste wahrscheinlich nichts über Nadjas Biografie, wahrscheinlich auch nichts davon, dass die meisten Jüd:innen in Deutschland aus den Staaten der ehemaligen Sowjetunion kamen. Neben wirtschaftlichen Gründen und dem konkreten Wunsch, eine sichere Perspektive für die eigenen Kinder zu schaffen, war es der oft brachiale Antisemitismus der Sowjetunion, vor dem die jüdischen Zuwander:innen geflohen waren.

Während die Leninsche Theorie Religion als »Opium fürs Volk« grundsätzlich ablehnte, hatte sich die Sowjetunion gleichzeitig als Vielvölkerstaat mit etwa 100 verschiedenen nationalen Zugehörigkeiten verstanden und ab 1932 die Bezeichnung »jüdisch« zur Kennzeichnung nationaler Zugehörigkeit in den Ausweispapieren verwendet. Doch durch diesen Akt wurde der traditionell starke Antisemitismus nicht aus der Welt geschafft. Dem alltäglichen Antisemitismus, beispielsweise Diskriminierungen auf dem Arbeitsmarkt oder bei der Wohnungsvergabe, konnten Jüd:innen durch die Eintragung der jüdischen »Nationalität« in den Ausweispapieren kaum entgehen. Wer konnte, wanderte nach Israel aus. Nachdem die Volkskammer der DDR 1990 kurz vor der Wiedervereinigung beschlossen hatte, Jüd:innen aus der Sowjetunion die Einwanderung anzubieten, entschieden sich etwa 200 000 Menschen für einen Neuanfang in Deutschland. Seitdem stammen die meisten Mitglieder jüdischer Gemeinden und Kulturvereine aus der ehemaligen Sowjetunion.

Bis heute werden ihre Geschichten, die von deutschen Erschießungskommandos, Flucht und unzähligen Opfern ebenso erzählen wie vom Sieg über das nationalsozialistische Deutschland, nur selten zur Kenntnis genommen. Ihre Erfahrungen mit Antisemitismus in der Sowjetunion könnten ein wichtiger Beitrag sein zu gegenwärtigen Debatten über das Verhältnis von Antisemitismus und Antizionismus. Bei den antisemitischen Schauprozessen in der Sowjetunion wurden ab 1948 »wurzellose Kosmopoliten«, »Verschwörer« und »zionistische Agenten« vor Gericht gestellt und ermordet.[32] 1952 wurden 13 von 15 wegen »jüdischem Nationalismus, Zionismus und Spionage für den Imperialismus« in Moskau angeklagte Mitglieder des Jüdischen Antifaschistischen Komitees (JAK) verurteilt und ermordet. Der Vorwurf des »Zionismus« beziehungsweise »Kosmopolitismus« zählte ab diesem Zeitpunkt zu den gängigen Anklagepunkten in Schauprozessen, bei denen in den Folgejahren Dutzende Jüd:innen in der Sowjetunion verurteilt und oft hingerichtet wurden. Im Prager Slansky-Prozess wurden 13 wegen »zionistisch-trotzkistischer Verschwörung« Angeklagte zum Tod verurteilt und hingerichtet.

»Nadja«, sagte eine Mitschülerin, »hat doppeltes Glück, Russin und Jüdin, da wird sie schon zu Geld kommen im Leben.«

»Also wirklich!«, lachte unsere Lehrerin, die ihrer jüdischen Schülerin neulich noch anlasslos eine Expertise für Israel zugeschrieben hatte, über den antisemitischen, russenfeindlichen Witz.

Ich hatte solche antisemitischen Momente wahrgenommen, sie hatten mir – wenn es um Israel ging – Rätsel aufgegeben. Als 2000 die zweite Intifada ausbrach, veränderte sich die Stimmung, es kam in der Schule nun öfter zu Situationen, in denen jüdische Schüler:innen aufgefordert wurden, Stellung zu beziehen – auch von Mitschüler:innen.

Im September 2001, als der Krieg gegen Afghanistan in der Luft lag, ging ich mit Freundinnen zu einer Demo. Wir trafen auf Lehrer:innen, auch auf Leute, die ich vom Sehen aus meiner Attac-Gruppe kannte. Auf der Kreuzung Bockenheimer Landstraße/Freiherr-vom-Stein-Straße fand die Abschlusskundgebung statt. Um den Lautsprecherwagen bildete sich ein großer Kreis, hinter uns befand sich meine Schule, geradeaus waren es nur wenige Meter bis zur Synagoge, die meine Mutter gelegentlich mit Freundinnen besuchte, seit wir in Frankfurt wohnten. Als die letzte Rede zu Ende war, zündeten zwei Demonstranten eine amerikanische Flagge an. Ein Sprechchor ertönte. »In-ti-fa-da, In-ti-fa-da, Intifada über-all!«

Wir standen um die brennende Flagge herum, immer mehr Menschen stimmten ein, klatschten mit den Silben. »In-ti-fa-da, In-ti-fa-da …« Hinter mir auf dem Wagen mit den Lautsprechern stand jemand und brüllte ins Megafon; ich erkannte einen Freund aus der Schule, der nicht mehr zu McDonald's ging, um die Amerikaner zu boykottieren.

Mehrere Leute wandten sich angewidert ab, lösten sich aus der Menge und gingen. Auch wir machten uns auf den Weg nach Hause.

Einige Monate nach der Demo packte ich meine Sachen und zog nach Berlin, ich hatte die Schule abgebrochen. Nach etwa zwei Jahren verstand ich, dass aus mir keine gute Kellnerin mehr werden würde, und beschloss, in die Schule zurückzukehren. Es dauerte nicht lange, da begegnete mir dort auch das Thema »Israelkritik« wieder.

An meiner Schule fuhren alle zwölften Klassen nach

Auschwitz. Meine Geschichtslehrerin hatte schon in der DDR unterrichtet. Nach der Unterrichtsstunde, in der wir ausführlich über die Details der Fahrt informiert wurden, nahm ich all meinen Mut zusammen, baute mich vor der Lehrerin auf und sagte, dass ich mich nicht zwingen lassen würde, nach Auschwitz zu fahren, ich sei Nachfahrin von Überlebenden.

Die Spannung, die meiner Aussage folgte, hielt lange an. Sie strukturierte unsere in den vergangenen Monaten entwickelte Beziehung neu: Ich spürte mit jener Klarheit, die nur durch Angst entsteht, dass ich in den Augen meiner Lehrerin zu jemand anderem geworden war. Die Stille wog so schwer, dass, wenn ich versuche, mich an diese Zeit zu erinnern, es den Eindruck macht, als hätte diese Anspannung schon vor meinem Geständnis bestanden. Als hätte sie die Kraft gehabt, nicht nur die Zukunft neu zu ordnen, sondern auch die Vergangenheit.

Meine Lehrerin runzelte die Stirn und sagte, so gehe das nicht. Dann müsse ich in der Zeit eine längere Arbeit schreiben, sonst zöge ich ja einen Vorteil aus der Sache – ich hätte dann schulfrei.

Ich mochte meine Lehrerin und wollte von ihr gemocht werden. Sie war sehr streng und eine leidenschaftliche Geschichtslehrerin. Wir lachten oft über den Eifer, mit dem sie versuchte, uns von der Bedeutung ihrer Erzählungen zu überzeugen. Ihr kleiner, runder Körper wirkte wie ein Pingpongball, bewegt von der Energie, die sich während ihrer Erzählungen in raumgreifenden Bewegungen ausdrückte; wenn sie etwa über das Schicksal der Matrosen 1918 oder der 1933 inhaftierten Kommunist:innen sprach, riss sie ihre Arme so weit auseinander, dass sie fast das Gleichgewicht verlor. In ihren Erzählungen wurde das 20.

Jahrhundert verstehbar als Geschichte von Ohnmacht, Armut und fatalen Verführungen; leidenschaftlich erzählte sie von der Arbeitslosigkeit der 20er-Jahre in ihrem Thüringer Heimatdorf, in dem trotz allem nicht NSDAP gewählt worden war. »Eine Arbeiterregion, eine rote!«, rief sie in unsere Richtung.

In der DDR hatte sie Staatsbürgerkunde unterrichtet. Sie erzählte uns, dass sie bis zum Ende der Republik linientreu bis in die Haarspitzen gewesen sei. Als die Mauer fiel, brach sie zusammen und kam ins Krankenhaus. Dann hatte sie sich das Grundgesetz gekauft und gelesen. Danach habe sie gedacht, dass es doch irgendwie gehen würde.

Als unsere Lehrerin vertrat sie bereits völlig andere Ansichten als zur Zeit der Wiedervereinigung. Die DDR musste untergehen, erklärte sie, weil sie kein demokratischer Staat war. Das Einzige, was sie heute noch unterschreiben könne, sei das Bekenntnis zum Antifaschismus und die gründliche Auseinandersetzung mit dem Nationalsozialismus, deshalb würde sie den mit uns – wie mit allen ihren Klassen – auch gründlicher behandeln, als es im Westen üblich sei. Dies sei ihr Kritikpunkt an der BRD: dass sie nicht mit den Nazis aufgeräumt habe. Die Konsequenzen, erklärte sie weiter, habe sie als junge Erwachsene erlebt – *vor* der Wende habe es kaum Nazis im Osten gegeben.

Aus dem Selbstverständnis, das bessere, antifaschistische, »neue« Deutschland zu sein, war die DDR mit einer klar definierten Sicht auf die Geschichte gegründet worden; eine öffentliche Erinnerungspolitik war – anders als in der Bundesrepublik – von Beginn an Teil der Staatsraison. Jahrzehnte bevor in der Bundesrepublik öffentlich geförderte Gedenkstätten entstanden, wurden in der DDR die Nationalen Mahn- und Gedenkstätten Buchenwald (1958),

Ravensbrück (1959) und Sachsenhausen (1961) eröffnet, in deren Ausstellungen und Publikationen der kommunistische Widerstand geehrt und die Existenz der DDR zur Antwort auf den Faschismus erklärt wurde.

Die staatlich forcierte Fantasie, als Sieger der Geschichte den Faschismus erledigt zu haben, führte andererseits zu einer Ablehnung der Verantwortung gegenüber den Überlebenden und ihren Vertreter:innen. Zahlungen an Israel oder jüdische Organisationen wurden mit dem Hinweis abgelehnt, mit der Enteignung von Kapitalisten habe man die beste Art der Wiedergutmachung geleistet; die Rückgabe arisierter Betriebe oder Vermögen wurde abgelehnt, da »jüdische Kapitalisten« vom sozialistischen Staat nicht zu erwarten hätten, ihre Vermögen zurückzuerhalten. Stattdessen wurden arisierte Betriebe in Volkseigentum überführt, womit an die willkürliche Beraubung der Juden durch die Mehrheit angeknüpft wurde[33] (während das arisierte Vermögen in der BRD oft in Familienerbschaften einfloss[34]).

Manchmal kam meine Lehrerin während ihrer Reden ganz außer Atem und musste eine kurze Verschnaufpause einlegen. Gute Beiträge honorierte sie mit noch mehr Wissensvermittlung und weiteren Anekdoten. Wenn wir etwas Richtiges sagten, konnten wir Teil ihrer Erzählung werden – sie gab uns die Chance, auf der richtigen Seite zu stehen: den Fortschritt des 20. Jahrhunderts zu erkennen, an dem wir teilhatten, und Demut darüber zu empfinden, aufgrund unseres Alters an bestimmten Verbrechen nicht beteiligt gewesen zu sein. In ihren Unterrichtsstunden spürte ich das süße Glück der Gemeinschaft.

Mein Geschichtskurs fuhr nach Auschwitz, ich blieb mit dem Gefühl, mich nicht entschuldigt zu haben, zurück. Ich durfte nicht zu Hause bleiben, also saß ich für den langen Aufsatz über die EU-Osterweiterung, den ich zu schreiben hatte, eine Woche lang in anderen Kursen meines Jahrgangs. Es fiel mir schwer, mich zu konzentrieren. Niemand fragte, warum ich als Einzige nicht mitgefahren war. Auch die Lehrer:innen nahmen keine Notiz von mir. Ich wartete mit Anspannung darauf, angesprochen zu werden. Die Zeit nach der Pause, wenn ich im Flur vor dem Klassenraum neben den Schüler:innen stand und auf den Lehrer wartete, erschien mir wie eine Ewigkeit. Schweigend verbrachte ich diese Tage, ohne Gelegenheit, meine zurechtgelegten Sätze loszuwerden.

Als meine Mitschüler:innen von ihrer Fahrt zurückkehrten, brachten sie eine schwarze DIN-A0-Pappe mit, auf die sie Fotos von Auschwitz geklebt hatten. Sie hängten das Plakat, dessen Überschrift »Auschwitz« eine Schülerin mit verwelkenden Blumen dekoriert hatte, in den Raum, in dem wir Geschichtsunterricht hatten. Hier hingen schon andere schwarze Plakate mit Auschwitz-Fotos von vorigen Auschwitz-Fahrten. Meine Lehrerin erklärte, ihr sei diese Tradition wichtig. Wir sollten daran denken, dass die grauenvollsten Verbrechen der Menschheit in Auschwitz stattgefunden hatten. Ich hätte wirklich etwas verpasst, sagte die Lehrerin zu mir, und dass sie Verständnis für mich habe.

Ich verstand, dass ich nur einmal entscheiden konnte, die Seite zu wechseln. Ein Zurück in die Mehrheitsgesellschaft gab es nicht.

In der U-Bahn, auf dem Weg von der Schule nach Hause, erfuhr ich von meinen Mitschüler:innen mehr über die Fahrt. Am Freitag hatte es keine Zeit mehr für Shopping in Krakau gegeben, obwohl das versprochen war. Dann meinte einer, wegen meiner blonden Haare würde man gar nicht vermuten, dass ich mit Juden verwandt sei. Im Osten seien viele Frauen vergewaltigt worden, deshalb kämen »selbst« bei Jüd:innen blonde Haare vor, wusste ein anderer. Drei Haltestellen, dann stolperte ich aus der überfüllten Bahn, froh über die Menschenmenge am Bahnsteig, die mich auffing.

Irgendwann fand die Anspannung meiner Lehrerin ein Ventil. Einige Monate nach der Auschwitz-Fahrt sollte jeder in der Klasse in einem Referat einen Stellvertreterkrieg des Kalten Kriegs beschreiben. »Glaubt bloß nicht, dass Deutschland der Nabel der Welt war, nur weil hier die Mauer stand!«, hatte unsere Lehrerin warnend gesagt. Mir hatte sie aufgetragen, einen Vortrag über Israel zu halten. In der Stunde vor meinem Referat hielt ein Mädchen einen Vortrag über Südafrika, der deutlich machte, wie ähnlich sich die meisten Stellvertreterkonflikte in der Geschichte entwickelt hatten. Meine Lehrerin hatte genau das geschafft, was sie beabsichtigt hatte: Wir begriffen den Kalten Krieg als Kapitel globaler Geschichte mit Auswirkungen auf Politik, Allianzen und Konflikte in der Welt bis in die Gegenwart.

Nach der Pause ging ich nach vorne, um den Overhead-Projektor einzurichten. »Ich habe Ceren gebeten, noch etwas vorzubereiten, um den Übergang von Südafrika nach Israel zu erleichtern«, sagte meine Lehrerin. »Sie hat noch ein Zitat von Nelson Mandela mitgebracht, das sie uns vorlesen wird, darüber können wir während des nächsten Referats nachdenken.«

Das Zitat bestand aus einem Vergleich Israels mit Südafrika; noch bevor Ceren anfing vorzulesen, wusste ich, dass meine Lehrerin mich in die Pfanne gehauen hatte.

Den Nahostkonflikt vor dem Hintergrund des Kalten Kriegs zu erklären bedeutete, über das Verhältnis Israels zu seinen Nachbarstaaten zu sprechen. Das Zitat von Nelson Mandela hingegen spielte in populistischer Weise auf den Konflikt mit den Palästinenser:innen an. Der kam jedoch in meinem Referat – das hatte ich meiner Lehrerin vorher angekündigt – nur am Rande vor. Es war schließlich meine Aufgabe gewesen, über den Kalten Krieg zu sprechen. Nun stand ich da vorne, mit nichts in der Hand, und redete über die Suezkrise anstatt über die Situation der Palästinenser:innen.

Es war das erste Mal, dass ich vor einer Gruppe Menschen in dem unangenehmen Gefühl sprach, dass mir die Angst die Denkfähigkeit raubte. Das Referat löste dann auch jene Lawine an Aggressionen aus, die ich seit Monaten befürchtete.

Da mein Vortrag inhaltlich und formal sehr gut gewesen sei, erklärte meine Lehrerin, gebe sie mir eine Zwei – keine Eins, weil eine Eins in der Oberstufe eine kritische Reflexion des Inhalts voraussetze. Es sei wichtig, das zu lernen. In einer Demokratie müssten alle Menschen zu einer kritischen Reflexion der eigenen Geschichte in der Lage sein – auch ich. Jüd:innen verursachten das Leid der Palästinenser:innen, obwohl gerade sie es doch besser wissen sollten. Sie persönlich, wenn sie das anmerken dürfe, sei entsetzt darüber, wie ich einen Konflikt, unter dem so viele Menschen bis heute litten, so ignorieren könne. Nelson Mandela habe Israel immerhin einen Apartheidstaat genannt.

Als sie von mir abließ, hatte ich schon lange aufgehört, ihr zuzuhören. In meiner Erinnerung stehe ich alleine im Klassenraum, sie sitzt vor mir. Ich weiß, dass meine Mitschüler:innen anwesend waren, aber mein Gedächtnis verfälscht hartnäckig das Bild. Nur meine Lehrerin und ich bleiben übrig, inmitten der Auschwitz-Plakate.

9

Über Erinnerung und Ideologie

»... in Death's room we are joined by Russians, Finns, Chinese, Japanese, Frenchman and Britains, and they whisper why, why, why, and their whispering becomes a great roaring, why, why, why? And I know that I have died in vain.«

(Alfred Leder in seinem letzten Brief an seinen Bruder, meinen Großvater Rudolph Leder/Stephan Hermlin)

Bevor der Stolperstein für Alfred Leder, Bruder meines Großvaters und Onkel meiner Mutter, verlegt wurde, wandte sich meine Mutter im Namen der Familie an den Künstler Gunter Demnig, der die Stolpersteine verlegt. Sie bat ihn, die Inschrift auf dem Stolperstein anzupassen und »Auswanderung« anstelle von »Flucht« zu schreiben. Alfred war 1934 nach Palästina ausgewandert, nachdem er eine Ausbildung in einem Hachschara-Lager begonnen hatte.

Die Hachschara-Bewegung war in Deutschland Anfang der 20er-Jahre entstanden. Ihr Ziel war, die Einwanderung von Jüd:innen nach Palästina zu fördern. Angesichts des fortschreitenden Ausschlusses von Jüd:innen aus Berufen und staatlichen Wohlfahrtssystemen bauten jüdische Gemeinden und Verbände ab 1933 wohltätige Strukturen aus und etablierten ein Schul- und Ausbildungssystem, auch ein kultureller Sektor mit Zeitungen, Orchestern und Theatern entstand. Zeitgleich entwickelten zionistische

Verbände die deutschlandweite Infrastruktur der Hachschara weiter, denn für die Einreise nach Palästina benötigte man eine Ausbildung. Es entstanden Dutzende ländliche Hachschara-Kibbuzim, in denen die Auszubildenden in Gruppen lebten, lernten und arbeiteten. Auch die Zahl agrarischer Einzellehrstellen auf Bauernhöfen sowie die städtischen Chaluz-Heime für Handwerksberufe und Seeleute wurden ausgebaut. Die Hachschara-Bewegung hat vielen Zehntausend Menschen die Auswanderung ermöglicht und so das Leben gerettet.

Alfred verließ Palästina 1938 wieder, ging nach England und schloss sich der Royal Air Force an, um gegen das Deutsche Reich zu kämpfen. Er starb bei einer Flugübung in Kanada.

Als ich ein Kind war, hatte ich vor allem jene Geschichten über meine Urgroßeltern David und Lola gehört, die man über Jüd:innen vor 1933 so erzählte. Es ging um Salons, um Bildung, Kunst und Musik, weniger um Judentum – und auf keinen Fall um Zionismus. David und Lola waren bürgerliche, assimilierte Jüd:innen. Der Zionismus, so hörte und las ich, war in Deutschland eine kleine, unbedeutende Bewegung gewesen, der nur wenige Jüd:innen angehört hatten.

Erst als Erwachsene bekam ich einen anderen Eindruck. Meine Mutter schickte mir Auszüge aus alten Jahrgängen der *Jüdischen Rundschau*, der größten und wichtigsten zionistischen Zeitung in Deutschland zwischen 1904 und 1938. David und Lola hatten, wie ich in den Auszügen las, ebenso wie andere Angehörige der Familie Leder regelmäßig an den Jüdischen Nationalfonds gespendet. An Rosh ha-Shanah, zu Hochzeiten oder Verlobungen spendeten sie für den Landkauf in Palästina – auch zur Geburt meines

Großvaters, der später Kommunist werden sollte und mit dem Zionismus denkbar wenig zu tun hatte.

Als Jugendliche erzählte ich immer, wenn meine Freund:-innen über religiöse Prägungen ihrer Familien sprachen, meine Familie sei kommunistisch, gehöre aber unterschiedlichen Glaubensrichtungen an. Damit spielte ich, ohne dass die anderen dies ahnen konnten, auf die unterschiedlichen Haltungen meiner Großeltern und meiner Mutter in der DDR an. Die »Glaubensrichtungen« verliefen in meiner Familie von den linientreuen Haltungen meiner Großmutter Gudrun und ihres zweiten Mannes bis zur Haltung meines Großvaters Stephan, der seine ehemals stalinistischen Haltungen korrigierte und selbstkritisch in Interviews sagte, dass es eine Zeit in seinem Leben gegeben habe, in der er nichts von den Säuberungen und Morden in der Sowjetunion habe wissen wollen. Beeindruckt hatte mich am meisten seine Ansicht, dass das Problem nicht der Kommunismus sei, sondern dass die Theorien von Marx und Lenin wie eine Religion behandelt würden – man glaube an sie, anstatt sie weiterzudenken.

Entsprechend ließ mein Großvater seinen Erzähler in *Abendlicht* (1979) über seine wiederholte Lektüre des Kommunistischen Manifests sagen, er habe eine zentrale Stelle des Textes über viele Jahrzehnte falsch gelesen. »An die Stelle der alten bürgerlichen Gesellschaft mit ihren Klassen und Klassengegensätzen tritt eine Assoziation, worin die freie Entwicklung aller die Bedingung für die freie Entwicklung eines jeden ist«, zitiert er seinen Irrtum. Und dann: »Wie groß war mein Erstaunen, ja mein Entsetzen, als ich nach vielen Jahren fand, dass der Satz in Wirklichkeit gerade das Gegenteil besagte: ›[…] worin die freie Entwicklung eines jeden die Bedingung für die freie Entwicklung aller ist.‹ Mir war klar, dass ich [...] in einem Text einen anderen Text gelesen hatte [...], weil in meinem Kopf eine Erkenntnis, eine Prophetie auf dem Kopf stand.«

Die Textstelle des *Abendlichts* liest sich heute wie ein Kommentar der Fehlentwicklungen der sozialistischen DDR, in der Freiheitsrechte eingeschränkt blieben. Meine Mutter zitierte sie, wenn ich fragte, ob sie trotz ihrer Erfahrungen mit der Staatssicherheit und ihrer Ausbürgerung noch Sozialistin sei. Mein Großvater war im Widerstand gegen die Nazis gewesen und stritt später für die Freiheit von Literatur in der DDR. Meine Mutter wurde ausgebürgert, weil sie in der Ausbürgerung Wolf Biermanns eine Wiederholung nationalsozialistischer Praxis gesehen hatte. Den Kern der Familienerzählung bildete Widerständigkeit, die eng mit kommunistischen und sozialistischen Ideen verbunden blieb. Auch über ihren Fortgang aus der DDR sagte meine Mutter, sie habe die DDR verlassen, weil sie nicht sozialistisch genug gewesen sei. Vielleicht ist der Zionismus mit der Zeit aus der Erzählung unserer Familie herausgefallen, weil Sozialismus und Kommunismus eine so zentrale gedankliche Rolle spielten.

Der kommunistische Widerstand gegen den Nationalsozialismus (»den Faschismus«) war nicht nur familiengeschichtlich bedeutsam, sondern auch der zentrale Erzählstrang im Selbstverständnis der DDR. Stephan reiste 1949 aus der DDR nach Auschwitz, wo zu diesem Zeitpunkt bereits eine erste Gedenkstätte eingerichtet worden war. Es gibt keine Erzählungen in der Familie über seinen Besuch, aber er schrieb danach das Gedicht *Die Asche von Birkenau.* Das Gedicht hat mich immer fasziniert. Es erzählt mit einer Stimme von den Toten, die von Nähe zeugt, sie lenkt den Blick auf sie. Ein Ausdruck persönlicher und literarischer Erinnerung, die sich im Moment des Lesens neu vollzieht. Gleichzeitig enthält es schon in der ersten Strophe die Ahnung des Vergessens:

Leicht wie später Wind, wie die Kühle,
Vorm Regen die Schwalbenbahn,
Wie Gewölk nach getränkter Schwüle,
Wie der Pollen vom Löwenzahn,
Leicht wie der Schnee auf den Lidern der Toten,
Wie ein alter Kinderreihn,
Wie Schmetterlingslast am roten
Mund der Nelke, leicht wie ein
Gericht, das die Kranken essen,
Wenn sie am Sterben sind,
So leicht ist das Vergessen,
Wie Kühle und später Wind.

Nicht zu ermessen, was der Besuch der Gedenkstätte für Stephan bedeutet haben muss. Verstörend bleibt für mich die Stelle des Gedichts, die den Akt der Erinnerung mit der Vorstellung eines wachsenden Kollektivs in Verbindung bringt: »Doch die sich entsinnen,/ Sind da, sind viele, werden mehr«, heißt es weiter im Text, der sich in seinem Verlauf in Kitsch verwandelt. Hat er das wirklich geglaubt? Wollte er es glauben? Vielleicht war es sein Weg, das Überleben zu ertragen.

Die Bürger:innen der DDR wurden durch die Vorstellung, dass nicht sie selbst, sondern »die Kapitalisten« beziehungsweise »die Faschisten« (nicht: die Deutschen) für die nationalsozialistischen Verbrechen verantwortlich gewesen seien, von Schuld und Verantwortung entlastet. Durch die Abschaffung der kapitalistischen Wirtschaftsordnung in der sozialistischen Gesellschaft schien es keine weitere Notwendigkeit für selbstkritische Auseinandersetzungen mit dem Nationalsozialismus zu geben. Diese Unterscheidung zwischen »den Faschisten« und »den Deutschen« bot ein interessantes Narrativ; geräuschlos wechselte man die Seite – von den Tätern und Zuschauern zu den Opfern und Widerstandskämpfern.

Neben der Lesart der Geschichte, in der die Bewohner der DDR kollektiv an der Seite der Sieger über den Faschismus (konkret: der Roten Armee) verortet wurden, gab es die familialen Erinnerungen, die im Alltag eine wichtige Rolle spielten. Auch in der DDR standen auf altdeutschen Anrichten Fotos der Gefallenen, denen die private Trauer galt. Wenn ich meine Mutter hierzu befragte, erzählte sie von Nachbar:innen, in deren Wohnungen sie als Kind nicht hatte gehen sollen, weil ihr Vater sie für Nazis hielt. Eine von ihnen hatte manchmal für sie genäht, meine Großmutter schickte meine Mutter heimlich zu ihr. Die Frau hatte ihren Sohn und ihren Mann im Krieg verloren, sie sprach nicht viel.

Bettina erinnerte sich auch an die Familie ihrer Freundin Margret, deren Vater in einer Fabrik in Schöneweide gearbeitet hatte. Er saß betrunken am Wohnzimmertisch, als Margret meine Mutter einmal mit zu sich nach Hause nahm. Er sah sie und beschimpfte sie, irgendwie hatte er erfahren, wer ihr Vater war. Von nun an lauerte Margrets Bruder Friedrich, der die Szene beobachtet hatte, jeden Tag bei Schulschluss mit seinen Freunden vor dem Gebäude. Sie drohten, Bettina zu verprügeln, warfen Steine nach ihr und schrien ihr »Bonzenkind, wir kriegen dich!« hinterher. Sie rannte davon.

Das stumme, albtraum- und schemenhafte Erkennen der Feinde, die man nicht loswurde, die überall um sie herum waren und die man in Schach zu halten hoffte, hat Bettina mit manchen ihrer Freund:innen geteilt. Das waren vor allem Kinder, deren Eltern aus der Emigration zurückgekehrt waren; nicht alle, aber viele waren jüdisch, und das, obwohl nur noch wenige Jüd:innen nach der Fluchtwelle Anfang der 50er-Jahre in der DDR lebten. »Die anderen waren immer auch da«, erzählte meine Mutter, »die haben sich eingekapselt und waren für sich, mit dem Gefühl, nicht sagen zu dürfen, was sie denken. Ich weiß nicht, wie ich das beschreiben soll, aber man konnte die Nazis in der DDR gar nicht übersehen. In Ostberlin nicht und erst recht nicht in Sachsen-Anhalt oder Thüringen auf dem Land. Die waren immer da.«

Durch Sozialleistungen, lebenslange Renten, Studien- und Ausbildungsmöglichkeiten gab es in der DDR konkrete Formen der Anerkennung für erlittenes Leid. Die Inklusion jüdischer Überlebender, die nicht auch als kommunistische Widerstandskämpfer angesehen wurden, sondern »bloß« rassistisch verfolgt worden waren, musste allerdings erkämpft werden. Sie waren Opfer zweiter Klasse, ihre Renten blieben kleiner als die der Widerstandskämpfer. In der Sprache der SED hieß die Shoah »Völkermord«; der Faschismusbegriff der DDR blendete Antisemitismus als zentrale Ideologie des Nationalsozialismus aus.

Wie ideologisch überformt die Erzählungen des Widerstands blieben, zeigt auch der Umgang mit der Hachschara-Bewegung. Die widerständige Bewegung wurde, obwohl in weiten Teilen sozialistisch geprägt, nicht in die Erinnerungskultur der DDR aufgenommen. Während in den ehemaligen Konzentrationslagern Gedenkstätten eingerichtet wurden, zerfielen die Hachschara-Stätten in der Nachbarschaft, wurden in volkseigene Betriebe umgewandelt oder privat genutzt.

Die Remigrant:innen lebten in der DDR in Nachbarschaft mit ihren potenziellen Mörder:innen und hielten an ihren politischen Überzeugungen fest. Im verschwiegenen ostdeutschen Nebeneinander verwandelten sich währenddessen alte Nazis in neue Sozialist:innen, Jüd:innen wurden verfolgt, aus Freund:innen wurden Verräter:innen: Der Remigrant Walter Janka, Leiter des Aufbau Verlages, wurde 1957 wegen angeblicher Teilnahme an einer konterrevolutionären Verschwörung in einem Schauprozess zu einer Gefängnisstrafe verurteilt und saß – wie schon zu Zeiten des Nationalsozialismus – im Gefängnis in Bautzen ein.

Hat mein Großvater also wirklich geglaubt, dass die, »die sich entsinnen«, viele sind und mehr werden? Vielleicht in den Gründungsjahren der DDR, aus denen das Gedicht stammt und in denen so viele Remigranten in die DDR zurückkehrten. Aber selbst auf diese Zeit bezogen bin ich nicht sicher. »Lied des Todes, verklungen, / Das jäh dem Leben gleicht: / Schwer wie Erinnerungen, / Und wie Vergessen leicht«, endet das Gedicht. Das Vergessen scheint am Ende als die realistischere Option, nicht das Erinnern.

In der Öffentlichkeit wird heute immer wieder darüber diskutiert, wie viel in Deutschland über die Shoah geredet wurde, ob wir genug oder gar zu viel über sie gesprochen haben. Die Auseinandersetzungen in der DDR werden in dieses mathematisch anmutende Nachdenken nur selten einbezogen. Und wenn es doch einmal um die Erinnerungskultur der DDR geht, scheint man sich schnell einig zu sein: Die einen halten sie für vorbildlich und betonen, wie früh sie begonnen habe; den anderen gilt sie als vollkommen ideologisch und quasi nicht existent.

Nach den auch von Schlussstrichdebatten gekennzeichneten 90er-Jahren setzte ein weitverbreitetes Gefühl ein, sich gründlich auseinandergesetzt zu haben. Der Abwehr der Erinnerung folgte nun Stolz darauf, sich erinnert zu haben: Das in den Jahren seiner Planung hoch umstrittene Denkmal für die ermordeten Juden Europas gilt seit seiner Eröffnung im Jahr 2005 manchen als Beweis gelungener Erinnerungskultur, ebenso wie Reden zum 1996 eingeführten Holocaustgedenktag oder die seit den 90er-Jahren mit Bundesmitteln geförderten Gedenkstätten. Neuerdings wird gefragt, ob die Erinnerung an die Shoah nicht ein wenig Platz abgeben solle an Erinnerungsräume für (deutschen) Kolonialismus oder inwiefern die Erinnerung an die Shoah der Verdrängung des Kolonialismus Vorschub leiste. Aus der Perspektive meiner Arbeit in der Rechtsextremismus-Prävention und politisch-historischen Bildungsarbeit sehe ich diese Debatten mit Befremden. Außerhalb akademisch geprägter Diskurse ist sowohl das Wissen über den Holocaust als auch das über Kolonialgeschichte gering ausgeprägt. Im Alltag stehen wir stets am Anfang aller Auseinandersetzungen.

Vor ein paar Jahren – ich arbeitete damals nebenberuflich als Dramaturgin im freien Theater – nahm ich an einem Workshop zu Theater und Nationalsozialismus in einer ostdeutschen Stadt teil. Die Beteiligten waren aus dem gesamten Bundesgebiet angereist, um ihre Projekte vorzustellen. Etwa dreißig Personen – Regisseur:innen, Schauspieler:innen, aber auch einige auf den Nationalsozialismus spezialisierte Historiker:innen – saßen hinter der Bühne im Kreis.

Ich hatte für mein Projekt zu Geschenken recherchiert, die sich inhaftierte Frauen im KZ Ravensbrück gegenseitig gemacht hatten, und sprach über die Perspektive, die sich aus der Reflexion der Quellen für das Projekt ergeben hatte. Ich hatte die Geschenke als Zeugnisse widerständiger Handlungen innerhalb des Konzentrationslagers gedeutet und als Möglichkeit, einen anderen Blick auf die Inhaftierten zu entwickeln als den, den die Quellen der SS hinterlassen haben.

Noch bevor ich mich wieder gesetzt hatte, meldete sich eine Performerin, um meinen Beitrag zu kommentieren. Sie war aufgeregt und sagte das auch. Sie sei Künstlerin, keine Intellektuelle, sie gehe deshalb instinktiv und emotional an Themen heran, diese Art der Reflexion mache sie nervös. Sie wolle sagen, dass sie die Unterscheidung zwischen Tätern und Opfern oft schwierig finde. Auch die Angehörigen der SS seien Menschen gewesen, die nicht weit weg von uns seien. Wenn wir die, die den Verbrechen damals zugesehen hätten, verurteilten, käme ihr das scheinheilig vor. Schließlich würden auch wir heute zusehen, wie Verbrechen in der Welt geschähen.

Eine Frau in Strickpullover, die sich zu Beginn des Workshops als auf die Geschichte des Nationalsozialismus spezialisierte Historikerin vorgestellt hatte, nickte nachdenklich.

»Überlegt doch mal«, fuhr die Performerin fort, »was die Israelis mit den Palästinensern machen, das ist doch nicht weit weg von dem, was die Nazis mit den Juden gemacht haben, da sehen wir auch zu, und auch bei anderen Verbrechen schweigen wir, im Fall Israels schon seit vielen Jahrzehnten.«

»Danke«, sagte die Historikerin da, »ich finde es ganz wichtig, dass du das angesprochen hast.«

Das Gespräch über die Opfer des Nationalsozialismus hatte in Windeseile und wie selbstverständlich zur Assoziation von Jüd:innen mit Israel und des jüdischen Staats mit den nationalsozialistischen Verbrechen geführt. Aus den historischen Opfern wurden Täter:innen der Gegenwart, der Gegenstand des Gesprächs war verschoben, als spräche man lieber über einen Ersatzgegenstand.

In der Pause sprach ich eine der anwesenden Historikerinnen auf den Vergleich zwischen Nazideutschland und Israel an. Er sei ihr, wie sie sagte, nicht aufgefallen. Sie habe das in dem Moment auch nicht so genau gehört, es sei alles sehr schnell gegangen, aber sie denke, die Performerin sei nervös gewesen, außerdem eine Theaterfrau, die seien nun mal etwas provokativ und blumig.

Am Ende lobte sie mein Engagement, so genau aufzupassen, und erklärte, sie sehe vieles nicht so streng. Das seien ja alles kritische und linke Leute hier, sagte sie, sicherlich sei die Aussage nicht so gemeint gewesen, hier in diesem Kontext sei man sich doch einig über den Nationalsozialismus, da könne man geschützter und offener reden als in anderen Situationen. In einer Sache, fügte sie hinzu, müsse sie mich leider enttäuschen, denn auch sie gehöre zu den Menschen, die der Ansicht seien, man dürfe Israel kritisieren – ja, man müsse es sogar.

Da standen wir nun also im Foyer dieses ostdeutschen Theaters im Jahr 2018, und ohne dass sie es wusste, sagte die Historikerin diesen Satz zu mir, den ich schon so oft gehört habe wie kaum einen anderen. Bevor sie ihn äußerte, war er mir schon in Gesprächen mit meinen Mitschüler:innen, Lehrer:innen, Kommiliton:innen, Professor:innen, Kolleg:innen, Freund:innen und Nachbar:innen entgegengekommen; ich hatte diese Meinung als Leserin der *tageszeitung*, der *Süddeutschen Zeitung*, der ZEIT, als Hörerin des Deutschlandfunks, als Patientin meines ehemaligen Zahnarztes und als regelmäßige Theaterbesucherin kennengelernt. Die Aussage ist, wenn man, wie ich, links sozialisiert ist, ein Evergreen des politischen Small Talks, ungefähr so eigen oder originell wie die Feststellung, Italiener seien nett zu Kindern oder dass die Deutsche Bahn oft verspätet komme.

Ich hatte nicht die Absicht verfolgt, ein Gespräch über israelische Politik anzufangen, sondern die Historikerin auf den Vergleich von Israel mit dem nationalsozialistischen Deutschland und die damit einhergehende Relativierung der Shoah angesprochen, die in der Gruppe der Diskutierenden – und auch von ihr – unbemerkt geblieben war. Sie schloss daraus, dass es mich »enttäuschen« würde, wenn sie Israel kritisierte.

Die Sprachwissenschaftlerin und Antisemitismusforscherin Monika Schwarz-Friesel hat in ihrer Forschung gezeigt, dass kaum ein Land in deutschen Medien so häufig und vehement kritisiert wird wie Israel.[35] Es ist die Idee des Tabus selbst, die Aufmerksamkeit verdient. Es handelt sich um eine populistische Behauptung, die wie alle populistischen Behauptungen Ressentiments anspielt, ohne sie auszusprechen. Schlecht kostümiert, klingt in ihr die Vorstellung einer Verschwörung an, deren Drahtzieher:innen es gelingt, den Deutschen – von der Presse bis zum Stammtisch – ein Sprechverbot zu diktieren.

Niemand hatte den ahistorischen Behauptungen während des Workshops widersprochen, mehrere Anwesende hatten zustimmend genickt. Dennoch verwies meine

Gesprächspartnerin auf die Gruppe als imaginierte linke Gemeinschaft, innerhalb derer der Umgang mit Nationalsozialismus und Antisemitismus sowieso geklärt sei – während der unbemerkte Vergleich von Israel mit dem Nationalsozialismus auf das Gegenteil deutete. Vergleiche von Israel mit dem Nationalsozialismus haben in der Linken eine Geschichte und gründen nicht zuletzt auf einer Theorie Georgi Dimitroffs, die in den 30er-Jahren in der kommunistischen Bewegung einflussreich wurde: Sie betrachtete Faschismus und Imperialismus gleichermaßen als historische Entwicklungsstufen des Kapitalismus. Die Überwindung des Faschismus wurde in dieser Theorie als ein Kapitel im anhaltenden Kampf der Überwindung des Kapitalismus durch den Kommunismus gedeutet.

Wenn Linke behaupten, es gebe ein Tabu, israelische Politik zu kritisieren, scheinen sie sich nicht auf die eigene Geschichte zu beziehen. Dass der Zionismus von Teilen der westdeutschen Linken und auch in der DDR als imperialistisches Projekt verstanden wurde, begründete später eine Sicht auf Israel als imperialistischen und präfaschistischen Staat. In Artikeln des *Neuen Deutschland* hinterließ diese Interpretation insbesondere in Zeiten, in denen es zu militärischen Auseinandersetzungen von Israel und seinen Nachbarstaaten kam, deutliche Spuren – der jüdische Staat wurde oft in die Nähe des nationalsozialistischen gerückt oder mit ihm verglichen.

Die Annahme des Tabus ist nicht nur, aber insbesondere mit Blick auf die Geschichte der DDR sinnfrei. Die DDR unterstützte stets Israels arabische Nachbarstaaten und die PLO. 1973 hatten SED und PLO vereinbart, »im gemeinsamen Kampf gegen Imperialismus und Zionismus« zusammenzuarbeiten. Die PLO eröffnete ein Büro in Ostberlin, ihre Kämpfer:innen wurden in der DDR ausgebildet. Im Jom-Kippur-Krieg (1973) fuhren Schiffe mit Waffenlieferungen von Rostock nach Syrien, sowjetische Kampfflugzeuge wurden von Piloten aus der DDR überführt. Auch im Libanonkrieg (1982) unterstützte die DDR die Fatah. Und bis zu ihrem Ende unterhielt die DDR keine diplomatischen Beziehungen zu Israel.[36]

Die Historikerin und ich gingen nach unserem Gespräch ohne Erkenntnisgewinn auseinander. Es blieb eine so bedeutungslose wie alltägliche Unterhaltung, die in rhetorischen Anspielungen verhallte. Ähnliche Situationen habe ich viele Male vorher und nachher erlebt. Das Arsenal an Schreckensbildern, die von Israel gezeichnet werden, scheint endlos. Sie ebnen früher oder später, implizit oder explizit, dem Gedanken den Weg, das Existenzrecht des Staates infrage zu stellen – und oft auch Angriffen auf in Deutschland lebende Jüd:innen. Als 2014 drei Männer Molotowcocktails auf die Wuppertaler Synagoge warfen und im anschließenden Prozess erklärten, sie hätten damit Aufmerksamkeit auf den Gaza-Krieg lenken wollen, konnten die Richter kein antisemitisches Motiv erkennen. Man kann kritisch über israelische Politik sprechen, aber wenn Kritik und Vernichtungsfantasien so nah beieinanderliegen, kann man es eben doch nicht.

Sooft meine Mutter auch die Textstelle aus dem *Abendlicht* zitierte, in der es um die Fehlinterpretation des kommunistischen Manifests geht, eins erzählte sie nie: Als sie mir 2019 die Stasi-Dokumente zeigte, die ihr letzter Antrag auf Akteneinsicht zutage gefördert hatte, las ich zum ersten Mal den Brief, den sie 1977 zur Begründung ihres Ausreisewunsches an den damaligen Innenminister der DDR geschrieben hatte: »Meine Erziehung, meine eigenen Erfahrungen haben mich die Notwendigkeit und Schönheit einer Gesellschaft begreifen lassen, ›worin die freie Entwicklung eines jeden die Bedingung für die freie Entwicklung aller ist‹.«

Entgeistert las ich ihr diese Textstelle vor.

»Das war die Erziehung meines Vaters«, kommentierte sie.

Meine Mutter wurde im Dezember 1977 aus der DDR ausgebürgert, *Abendlicht* erschien 1979. Mein Großvater kannte ihren Ausbürgerungsantrag.

»Du hast den Satz zuerst geschrieben«, sagte ich.

Meine Mutter lachte. »Nein. Marx hat diesen Satz zuerst geschrieben.«

In ihrem Antragstext heißt es weiter: »Ich bin überzeugt von der Notwendigkeit starker Individualitäten für die Entwicklung des Sozialismus und ich habe einige Jahre geglaubt, daß dieses Land trotz aller Schwierigkeiten, in die es sein eigener Anspruch führt, mit diesen Schwierigkeiten im Sinne einer freien Auseinandersetzung, ohne Repressalien selbstverständlich, umzugehen lernen würde [...]. Deshalb hat mich die Ausbürgerung Wolf Biermanns und alles, was ihr folgte, in meinem Selbstverständnis und in meinem Verständnis von einem möglichen Leben in diesem Land getroffen. [...] Ich fühle mich nicht mehr zu Hause in diesem Land, das meine Freunde verlassen haben bzw. verlassen mußten.«

Mein Großvater, so sah ich als Jugendliche seine Geschichte, hatte mit seinem frühen Eintritt in die kommunistische Partei einen eigenen politischen Weg eingeschlagen, der ihn von seiner bürgerlichen Familie wegführte. Er blieb, meine Mutter ging, so wie zu ganz anderen Zeiten und in einem ganz anderen Land meine Urgroßmutter geblieben und mein Großvater gegangen war. »In unserer Familie ist man an Emigration gewöhnt«, sagte er meiner Mutter zum Abschied. »Und wenn du angekommen bist: Schau, wo der nächste Bäcker ist«, fügte seine Frau Irina hinzu. »Das ist wichtig, wenn man sich zu Hause fühlen will.«

»Unsere Großmutter Lola war sich sehr bewusst darüber, was der Machtantritt der Nationalsozialisten für die Juden in Deutschland bedeutet: Deshalb hat sie frühzeitig dafür gesorgt, dass ihre Kinder nach Palästina auswanderten – bevor die Flucht unausweichlich wurde«, schrieb meine Mutter an Gunter Demnig. Und weiter: »Vorher gegangen zu sein: Darin liegt auch ein Stück Stolz. Deshalb wünschen wir uns, dass es auf dem Stolperstein ›Auswanderung‹ statt ›Flucht‹ heißen möge.«

Der Künstler antwortete, die Inschriften auf den Steinen seien seine Inschriften, er würde nicht wegen »privater Befindlichkeiten« abweichen, sonst würde es zu einem »Durcheinander« kommen. Überhaupt – die Opfer seien weggeschickt worden, nicht freiwillig gegangen. »Wer verlässt denn freiwillig seine Heimat?«, schrieb er.

Die jüdische Bevölkerung wurde ab 1933 ausgegrenzt und sukzessive entrechtet, nicht weggeschickt. »Zu gehen« war kein passiver Akt, sondern ein organisatorisch, finanziell und sozial komplexer Vorgang der Selbstbehauptung. Alfred kämpfte, und er verlor sein Leben. In seinem letzten Brief an meinen Großvater prophezeite er seinen eigenen, vergeblichen Tod. Zusammen mit einer Porträtaufnahme, die Alfred mit Fliegermütze zeigt, hängt dieser Brief bis heute im früheren Arbeitszimmer meines Großvaters – Alfred im Widerstand gegen das Deutsche Reich und gleichzeitig sein Opfer. Es waren zionistische Ideen und Strukturen, mit deren Hilfe er Deutschland verlassen konnte, aber offensichtlich machte ihn das nicht zum Zionisten. Persönliche, konkrete Erinnerung passt nicht immer zu den manchmal ideologisch aufgeladenen Erzählungen der Erinnerungskultur.

»Wer verlässt denn freiwillig seine Heimat?« Meine Mutter ließ die Frage unbeantwortet. Gunter Demnig aber hat den Stein nach seinem Plan gestaltet. »Flucht«, heißt es da.

10

Was wir wussten

Die Polizeihubschrauber über meinem Balkon hatten sie zuerst angekündigt, etwa eine halbe Stunde später war die Musik des Lautsprecherwagens aus der Ferne erklungen und nach und nach lauter geworden, bis ich in der Küche das Radio ausschaltete, weil die Nachrichtensprecherin nicht mehr gegen sie ankam. Vom Balkon aus beobachtete ich die Querdenker-Demonstration, die durch meine Straße zog, mit einem Kaffee in der Hand. Kein Polizist weit und breit. Ich schrieb meinem Freund eine SMS, der bald mit dem Fahrrad nach Hause kommen würde. Es waren nicht viele Teilnehmer:innen, sie liefen in der Mitte der Straße, manche auf dem Bürgersteig neben Passant:innen. Ein paar Demonstrant:innen trugen Plakate mit den üblichen Sprüchen. (»Merkel-Diktatur«, »Corona-Impfungen sind Menschenversuche«). Die meisten waren nicht oder nur schwer von den sie umgebenden Passant:innen zu unterscheiden: gealterte Hippies, Frauen mit Batiktüchern und grauen Haaren, Student:innen in Outdoorkleidung, dazwischen Männer in T-Shirts rechtsextremer Modemarken. Die Milieugrenze, die es stets zwischen diesen Gruppen gegeben hatte, war inzwischen offensichtlich eingerissen. Mit Ausnahme der erkennbaren Nazis sahen die Leute unter meinem Balkon aus wie meine Nachbar:innen, wie die

Sozialarbeiter:innen, mit denen ich zusammenarbeite, wie Freund:innen meiner Mutter oder die Lehrer:innen, von denen ich früher unterrichtet wurde.

In Frankfurt hatten wir in der Oberstufe einmal in der Woche wegen Platzmangel Unterricht in einer anderen Schule. Gleich rechts neben der Tür im ersten Stock des Treppenhauses, wo es zu den Unterrichtsräumen ging, hatte jemand mit schwarzem Edding ein kleines Hakenkreuz auf die gelb gestrichene Wand gemalt. Wenn wir die Treppe hochstiegen und geradeaus blickten, liefen wir direkt darauf zu. Es kam zur Sprache, als unsere Klassenlehrerin irgendwann über Rechtsextremismus redete. Zum Glück wohnen wir in Frankfurt, meinte sie, wo es keine Nazis gebe, da sie sich nicht hierher trauten.

»Und wo kommen dann die Hakenkreuze her?«, fragte ein Junge gereizt in den Raum.

Unsere Lehrerin reagierte irritiert und fragte, wo ein Hakenkreuz sei.

»Die Deutschen so 1945 zu den Amis: ›Hakenkreuze? Haben wir hier nirgendwo gesehen!‹«, lachte jemand aus der Klasse.

Diese Witze waren unter uns üblich, so wie Witze über rassistische Polizeikontrollen unter uns üblich waren. Wir machten diese Witze, weil es als *extrem* gegolten hätte, das ihnen zugrunde liegende Wissen anders auszudrücken. Wir wussten nicht nur, was wir wussten, sondern verstanden auch, dass wir dieses Wissen für uns behalten oder ironisch ausdrücken mussten, um ernst genommen zu werden. Es stand uns nicht zu, den Rassismus unserer Lehrer:innen zu kritisieren, aber wenn wir unter uns waren, waren wir uns einig darüber, dass Jugendliche nichtdeutscher Herkunft oft schlechter bewertet wurden als die Jugendlichen deutscher Herkunft. »Ausländerabzug«, hatte meine Freundin gelächelt, als sie eine schlechtere Note als ich für ein gemeinsam gehaltenes Referat kassierte.

Wenn meine Mutter sagte, sie habe von der Staatssicherheit gewusst und gleichzeitig nicht gewusst, dann trifft das in ähnlicher Weise auch auf mich zu. Ich gehe davon aus, dass es vielen Menschen so ergeht – dass sie von der Gewalt in ihren Familien, in ihrer Nachbarschaft und in ihrer Region wissen und gleichzeitig nicht wissen. Dass sich über ihr Wissen andere Dinge legen, Erzählungen, die nichts mit diesem Wissen zu tun haben. Es existiert in diffusen Gefühlen und dunklen Erinnerungen, manchmal wird es durch Fragen oder Erzählungen anderer Menschen aktiviert. Als der *ZEIT*-Journalist Christian Bangel 2019 auf Twitter dazu aufrief, unter dem Hashtag *Baseballschlägerjahre* von rechtsextremer Gewalt in den 90er-Jahren zu berichten, meldeten sich Hunderte Menschen zu Wort, die von ihren Erfahrungen schrieben. Bangel hatte diesen Geschichten, die zuvor einzelne Erfahrungen einzelner Menschen gewesen waren, mit seinem Aufruf einen Rahmen verschafft, innerhalb dessen diese Geschichten nicht als zufällige Erlebnisse, sondern als Anzeichen eines noch immer beschwiegenen gesellschaftlichen Kontexts verstanden werden konnten. Die Idee hatte der Journalist, weil er selbst in seiner Jugend vor Nazis in Frankfurt (Oder) davongerannt war – und weil er einen Artikel von einem anderen Betroffenen rechter Gewalt gelesen hatte.

Nicht aus allen Erfahrungen von Gewalt oder Marginalisierung lässt sich ein solches kommunikatives Schneeballsystem errichten. Manchmal gibt es keine Gruppen, an denen man sich orientieren kann, sie sind zu klein oder zu singulär. Während des Skandals um meinen Großvater gab es Stimmen, die darauf verwiesen, dass sich in der Debatte verzerrte Perspektiven auf Geschichte und Kultur der DDR spiegelten; manche thematisierten auch Antisemitismus, aber diese Beiträge blieben vereinzelt und wurden kaum rezipiert. Heute gibt es Stimmen, die bedauern oder skandalisieren, wie wenig von Literatur und Geschichte der DDR übrig geblieben ist, aber die Geschichte der jüdischen Remigrant:innen bleibt auch in diesen Wehklagen unerwähnt. Sie ist die Marginalie der Marginalien.

Als ich meiner Mutter mein Manuskript vorlas, war ich besorgt, sie könnte fordern, einzelne Stellen zu löschen. Für mich war klar, dass ich es tun müsste, würde sie es verlangen. Am Ende war es ein Detail, das ihr den Schlaf raubte. Nachdem ich ihr das Kapitel über meine Großmutter vorgelesen und sie es im Anschluss mehrmals selbst gelesen hatte, schrieb sie mir eine E-Mail: Es gebe eine Passage, deren Veröffentlichung für sie eventuell zu schmerzhaft sei. Es handelte sich um den Satz: »In Gudruns Erklärungen war es Bettinas Sexualität, die sie davon abhielt, eine gute Mutter für uns zu sein.« Ich hatte es geahnt.

Ich muss etwa 16 Jahre alt gewesen sein, wir wohnten in Frankfurt. Es war nicht lange, bevor ich in meine erste WG zog, als ein Freund meiner Mutter zum Abendessen bei uns war. Wir saßen nach dem Essen noch mit einem Glas Wein zusammen, als er einen homophoben Witz machte. »In meiner Wohnung spricht man so nicht«, sagte meine Mutter mit plötzlicher Schärfe. Der Freund reagierte irritiert und sagte, er brauche keine Oberlehrerin. Nach einem kurzen Schlagabtausch verließ er unsere Wohnung. Man muss diesen Dreck überall hören, murmelte meine Mutter, während sie begann, den Tisch abzuräumen. »Aber nicht in meinem Zuhause. Nicht in meinem Zuhause!«

Für manche Erfahrungen gibt es keinen erzählerischen Rahmen, innerhalb dessen sie verstanden werden könnten, aber es ist möglich, auf ähnliche Erfahrungen auszuweichen, um durch sie die eigenen zu verstehen. Meine Mutter reagierte auf Homophobie stets, als sei sie selbst von ihr betroffen, und ich vermutete, dass das mit den misogynen Erzählungen meiner Großmutter über ihre Sexualität zu tun hatte. Ich konnte es damals noch nicht greifen, nur spüren, dass es in der erzählerischen Konstruktion Parallelen gab, in denen aus der Interpretation von Sexualität Zuschreibungen über Identität und Charakter abgeleitet wurden.

»Hast du Angst, dass jemand glauben könnte, was ich schreibe?«, fragte ich meine Mutter, als es um den eventuell zu streichenden Satz ging. »Weißt du, dass das eine antisemitische Trope ist?«, bohrte ich weiter. »Dass Jüd:innen in antisemitischen Vorstellungen hypersexuell sind und diese Vorstellung sich mit einer sexistischen Sicht auf Frauen verbindet, nach der diese ihrer Natur unterworfen seien? Dass im Nationalsozialismus die Figur der deutschen Mutter eine vollkommen reine und asexuelle Gestalt ist, die im Gegensatz steht zur Hure?«

»Na ja, also eigentlich kommt das aus dem Christentum«, kritisierte meine Mutter stirnrunzelnd, die schnell die Geduld verliert, wenn sie den Eindruck hat, man wolle ihr ihre Geschichte erklären.

Die Erzählung meiner Großmutter hat ihre Macht über meine Mutter an dieser Stelle nicht ganz verloren. Vielleicht würde es ihr anders gehen, könnte sie ihre Erfahrung mehr mit anderen Menschen teilen, aber es wird wohl keinen Hashtag *antisemitischeStasimütter* geben. Gelegentlich fürchtet meine Mutter noch immer, dass sie eine schlechte Mutter gewesen sei oder andere dies glauben könnten. Die Geheimniskrämerei, in die meine Großmutter mich zwang, als sie mir schon als Kindergartenkind Dinge über die Sexualität meiner Mutter erzählte, die ich – selbst, wenn ich gewollt hätte – nicht hätte aussprechen können, bleibt in ähnlicher und anderer Weise prägend für mich: Wenn ich die Geschichte aufschreibe, ist das für mich ein Weg aus dem Geheimnis heraus; für meine Mutter hingegen rührt dieser Weg eventuell an ihre Angst, dass andere sie glauben könnten. Innerfamiliäre – auch psychische – Gewalt wird vielleicht von Menschen mehr oder weniger gemeinsam erlebt, aber spätestens die Verarbeitung der Geschehnisse kann trennen. So existiert heute kein Kontakt mehr zur Familie meiner Mutter mütterlicherseits. Wir haben diese Erfahrungen nicht gemeinsam überstanden.

Die Initiativen, die ich durch meine Arbeit im ländlichen Raum kennengelernt habe, sind oft um eine oder zwei Personen herum entstanden, die sich irgendwann entschieden haben, gegen die Mehrheitsgesellschaft zu handeln. Diese Entscheidungen sind immer auch Entscheidungen fürs Alleinesein. Nicht selten sind die Leute in den Regionen, in denen sie sich später engagieren, schon geboren und aufgewachsen. Während sie erlebten, wie in Verwaltungen Nazis geleugnet wurden, organisierten sie Podien und Demonstrationen oder holten Geflüchtete vom Bahnhof ab, wenn sie nach langer Reise dort ankamen. Von ihren Nachbar:innen wurden sie als »Nestbeschmutzer« verleumdet, und wenn sie nachts im Bett lagen und Geräusche hörten, die sie nicht zuordnen konnten, hatten sie Angst, dass Nazis um ihr Haus schlichen. Sie waren nie viele. Trotz der Ablehnung und den Bedrohungen, die ihnen in ihrer Umgebung widerfuhren, folgten sie ihrer eigenen Wahrnehmung und ihrem eigenen Wissen, als sei dies das Einfachste auf der Welt.

Unter den Älteren, die sich in den Initiativen engagierten, waren und sind Menschen, die schon in der DDR Außenseiter:innen gewesen sind. Bereits als Jugendliche und junge Erwachsene hatten sie einen kritischen Blick auf eine Gesellschaft, in der Kritik nicht gern gesehen wurde; manche waren als Jugendliche Teil oppositioneller Gruppen. Während in meinen Workshops die meisten Teilnehmer:innen den Antisemitismus leugneten, den es in der DDR gegeben hatte, traf ich in den Initiativen Menschen, die erzählten, wie sie als Jugendliche Nachrichten über den Libanon-Krieg gesehen und sich gefragt hatten, warum die Laster der NVA im Krieg gegen Israel eingesetzt wurden. Heute stehen viele von ihnen der Behauptung, Israel dürfe nicht kritisiert werden, misstrauisch gegenüber.

In der Zeit, in der ich zu Rechtsextremismus und Antisemitismus arbeitete, schienen die Herausforderungen immer größer zu werden. Pegida entstand, und ich hatte mehr und mehr das Gefühl, dass wir den Ereignissen mit unserer Arbeit hinterherrannten, ohne etwas zu erreichen. Dann zog die AfD in die Parlamente ein, wir zählten zwischen 2000 und 2500 Angriffe auf Geflüchtete pro Jahr. Die 90er-Jahre schienen sich zu wiederholen: die Angriffe, die Morde, aber auch die Debatten. So wurde die Diskussion, ob man mit Rechten reden solle, erneut geführt, und auch dieses Mal wurde die zivilgesellschaftliche Erfahrung ebenso übergangen wie wissenschaftliche Perspektiven; in vielen Talkshows saß jemand von der AfD, Filmaufnahmen von Pegida-Demonstrationen füllten abendliche Reportagen, in denen die Zivilgesellschaft, die sich den Demonstrationen entgegenstellte, eher in der Rolle von Statisten erschien. Ein politischer Tiefpunkt der Auseinandersetzungen wurde erreicht, als 2015 und 2016 – wie schon einmal 1993 geschehen – das Asylrecht infolge anhaltender rechtsextremer Hetze beschnitten wurde.

Je nach Lebensalter definieren wir bestimmte Ereignisse als Wendepunkte, an denen Nationalismus, Schuldabwehr, rassistische Anschläge oder antisemitische Diskurse scheinbar plötzlich sichtbar werden. Für mich, die ich in den frühen 80ern geboren wurde, gehören Rostock-Lichtenhagen, die Walser-Bubis-Debatte, die Auseinandersetzungen um Möllemann und Homann, also Ereignisse der 90er bis in die frühen Nullerjahre, zu diesen Wendepunkten. Ältere benennen eher das Oktoberfestattentat von 1980 oder den Historikerstreit von 1986, Jüngere die Sarrazin-Debatte, den NSU und Pegida. Ähnlich ist all diesen Erzählungen über Wendepunkte, dass sie offenbar eine Zeit *davor* voraussetzen, in der die Dinge besser standen.

Zweifellos erleben wir heute einen neuen Höhepunkt rechtsextremer, antisemitischer und rassistischer Gewalt und auch geschichtsrevisionistischer Debatten. Die Erfolge der AfD hinterlassen nicht nur diskursiv Spuren – sollte die AfD-nahe Desiderius-Erasmus-Stiftung demnächst staatliche Gelder erhalten, wird dies die politische und historische Bildungsarbeit vor eine beispiellose Herausforderung stellen. Andererseits werden Antisemitismus und Rassismus zurzeit besonders stark wahrgenommen und bekämpft. Solchen Phasen folgten in der Vergangenheit stets Zeiten, in denen diese Themen langsam wieder in Vergessenheit gerieten. Probleme, die tatsächlich seit langer Zeit existieren, wurden deshalb nicht gelöst.

Der Anführer der Nazis, die uns mit Baseballschlägern hinterhergelaufen sind, warb kürzlich öffentlich für die Einrichtung von Bürgerwehren in der Wetterau, die für die Sicherheit der Bürger durch die Errichtung von »Schutzzonen« sorgen sollen. Vielleicht rennt unterdessen die nächste Generation Jugendlicher vor den Leuten davon, vor denen wir in den 90er-Jahren davonliefen. Die Familie des Nazis kommt aus der Region; schon seine Großeltern und Eltern waren Nazis. Hoffentlich wissen die Jugendlichen, die vielleicht vor ihnen wegrennen, von der unterdessen eingerichteten Beratungsstelle für Betroffene rechter Gewalt.

Die Student:innen und gealterten Hippies unter meinem Balkon während der Querdenker-Demo beziehen sich sicher nicht auf Nazis, aber sie folgen problemlos autoritären, verschwörungstheoretischen Ideen. Sie halten sich für Demokrat:innen und dulden Nazis, die neben ihnen herlaufen. Kritisiert man sie hierfür, werden sie aggressiv. Das Erbe unzureichender familialer, struktureller und regionaler Auseinandersetzungen mit dem Nationalsozialismus war in linken und esoterischen Milieus vielleicht nie so deutlich sichtbar wie seit der Entstehung der Querdenker.

Im Osten hat es für diejenigen, die nach der Wende nicht mehr zur Schule gingen, keine gut und kostenfrei erreichbaren Demokratiebildungsmaßnahmen gegeben. Die meisten Unterstützer:innen des NSU-Netzwerks sind bis heute nicht einmal verhört worden. Dies reiht sich ein in nicht aufgeklärte rechtsterroristische Anschläge der 80er-Jahre. Dass es rechtsextreme Netzwerke in Polizei und Sicherheitsbehörden gibt, ist hinlänglich bekannt. Bekannt ist auch, dass es jährlich mehr antisemitische Vorfälle gibt; ebenso, wie prekär die Arbeit gegen Rechtsextremismus ist und dass sie noch lange nicht alle Bevölkerungsgruppen in den Blick nimmt. Jede Waffe, die aus den Arsenalen der Bundeswehr verschwindet, wird vielleicht eines Tages eingesetzt. Ich nehme an, dass die AfD auch im Osten mittlerweile ihr Potenzial ausgeschöpft hat, dass sie die Demokratie nicht wird zerstören können – aber mancherorts vielleicht die demokratische Kultur.

Als meine Großmutter 2019 starb, gingen meine Mutter und ich in der Köpenicker Nachbarschaft spazieren. Entlang der grauen Straßen, durch Unterführungen gelangten wir in große, verwaiste Innenhöfe mit dreckigen Sandkästen zwischen den Platten. Wir waren beide Jahrzehnte nicht mehr dort gewesen, und es war das erste Mal seit 1991, dass wir gemeinsam dort waren. Von der Straßenbahn aus zeigte sie mir ihren alten Kindergarten und wo der Milchmann gewohnt hatte.

Vor der Platte, in der meine Großmutter gelebt hatte, blieben wir stehen. Wir standen rauchend in der ruhigen Anliegerstraße, als eine ehemalige Nachbarin vorbeikam, im Alter meiner Mutter. Sie hatten sich als Kinder gekannt und begannen ein Gespräch. Die Nachbarin wünschte Beileid, meine Mutter schwieg.

»Ach, weißt du«, sagte die Nachbarin dann, »wer da vorne wohnt? Friedrich! Sein Vater ist jetzt im Altersheim, und da ist Friedrich wieder eingezogen, so eine Miete gibt's ja sonst nirgendwo mehr in Berlin. Der sieht immer noch aus wie früher, trägt immer noch diesen Jeansanzug, weißt du noch? Ich dachte, ich werd' nicht mehr. Kannst du dich an seine Familie erinnern?«

»Natürlich erinnere ich mich«, sagte meine Mutter und zog an ihrer Zigarette, »das waren Nazis.«

»Ach«, sagte die Nachbarin, »das wusste ich gar nicht. Dabei war ich so oft bei denen zu Hause nach der Schule. Bist du dir sicher?«

Das im autobiografischen Gedächtnis gespeicherte Wissen, lernte ich als Studentin in einem kulturwissenschaftlichen Seminar, ordnen wir so an, dass ein roter Faden entsteht – die Geschichte unseres Lebens, unsere Identität. Diese Geschichte beginnt nicht mit unserer Geburt, wir übernehmen die Geschichten anderer Menschen, unserer Eltern, Großeltern, der Städte, in denen wir aufwachsen, und bilden damit den Anfang unserer Erzählung, unsere Herkunft. Oder umgekehrt: Es ist unser Selbst, unsere Identität, die Erinnerungen in uns findet und sie so erzählt, dass unsere Vergangenheit und Herkunft zu unserer Gegenwart passen. Was nicht passt, wird vergessen, in Nebensätze einsortiert und für belanglos erklärt, so lange, bis eine reine Erzählung entsteht, linear und kongruent. Der rote Faden ist das, was sich am Ende normal und natürlich anfühlt, aber er ist selbstverständlich nicht natürlich, sondern das Resultat mal mehr, mal weniger bewusster Entscheidungen.

Direkte Nachkommen haben nach dem Stasi-Unterlagen-Gesetz das Recht auf Akteneinsicht, wenn die betroffene Person gestorben ist. Bei meinem letzten Anruf nach dem Tod meiner Großmutter in der BSTU wurde mir gesagt, es werde ein, vielleicht zwei Jahre dauern, bis ich die Akten einsehen könne. Die Mitarbeiterin der Behörde, mit der ich sprach, riet mir, meiner Großmutter zu vergeben, um zur Ruhe zu kommen.

Dieses Buch beruht auf dem, was ich heute weiß, und

damit auch auf dem Wissen, dass ich in zwei Jahren möglicherweise Dinge weiß, die die Grundlage dieses Textes angreifen. Seit 1995 kommen in unregelmäßigen Abständen neue Informationen ans Licht. Es ist möglich, dass dieser Prozess nie zu einem Ende kommen wird.

Als ich meine Mutter nach dem Tod meiner Großmutter besuchte, übergab sie mir Stasi-Dokumente, die mit der letzten Einsicht aufgetaucht waren. Noch immer existieren viele Lücken, aber die neuen Unterlagen zeigten, dass die Staatssicherheit sie bis in die 80er-Jahre hinein beobachtet hatte, als sie längst im Westen war.

»Wusstest du das? Hast du jemanden gesehen?«, fragte ich sie. »Manchmal«, antwortete meine Mutter, die solche Sätze sagt, als seien sie das Normalste auf der Welt. »Die standen ja vor unserer Wohnung, aber ich meine, das war Ende der 70er. Oder Anfang der 80er?«

Ich bin 1982 geboren worden. Wer der Mann im Garten wohl wirklich war?

Danksagung

Ich danke Tahera Ameer, Juliette Brungs, Sanem Kleff und Eberhard Seidel für wichtige Hinweise; außerdem Maria Donde und Anthony Szynkaruk, die mir ein Arbeitszimmer zur Verfügung gestellt haben, und Benno Plassmann, der mir die Zeit ermöglichte, dieses Zimmer zu nutzen. Ich danke meiner Mutter, die nie in der Öffentlichkeit stehen wollte, für das Vertrauen, mit dem sie der Idee, ihre Geschichte aufzuschreiben, begegnet ist, außerdem für viele hilfreiche Anmerkungen. Meiner Freundin Stefanie Lohaus, die dieses Projekt angeschoben hat, gilt mein größter Dank – für die viele Zeit, die sie sich für die Begleitung des Manuskripts genommen hat, und ihre Fähigkeit, Textkritik zu einer empowernden Erfahrung zu machen.

Anmerkungen

1 Kleffner, Heike und Spangenberg, Anna (Hrsg.): *Generation Hoyerswerda. Das Netzwerk militanter Neonazis in Brandenburg.* Berlin 2016

2 Zum Zeitpunkt der Wiedervereinigung gab es nur einzelne Antifa-Gruppen, Journalist:innen und Gewerkschafter:innen, die die Ereignisse beobachteten und dokumentierten. Zu den frühen Arbeiten zu Rechtsextremismus ab den 80er-Jahren gehören die Bücher der Journalisten Eberhard Seidel und Klaus Farin (u. a. *Krieg in den Städten* von 1991 und *Rechtsruck* von 1992).

3 Vgl. Fuchs, Christian und Goetz, John: *Die Zelle. Rechter Terror in Deutschland.* Hamburg 2012.

4 Vgl. Waibel, Harry: *Die braune Saat. Antisemitismus und Neonazismus in der DDR.* Stuttgart 2017.

5 Vgl. Staud, Toralf: *Moderne Nazis. Die neuen Rechten und der Aufstieg der NPD.* Köln 2005.

6 »Wir sind die Stärkeren«, in: *Der Spiegel,* 21. Dezember 1992

7 Auch das heute geltende Erfassungssystem wird von der Zivilgesellschaft als ungenau kritisiert. Hierzu geben die Webseiten der Amadeu Antonio Stiftung sowie des Verbands der Beratungsstellen für Betroffene rechter, rassistischer und antisemitischer Gewalt (VBRG e. V.) Auskunft.

8 Giordano, Ralph: *Wird Deutschland wieder gefährlich? Mein Brief an Kanzler Kohl – Ursachen und Folgen.* Köln 1993, S. 13

9 Ebd., S. 52

10 Für dieses und die weiteren Zitate ebd., S. 15 ff.

11 Dabei spielt in rechtsextremer Ideologie die Vorstellung von Männern als »Krieger« oder »Soldaten« eine zentrale Rolle. Zu dieser Rolle gehört mitunter auch der Einsatz von (sexualisierter) Gewalt gegen Frauen.

12 Immer wieder wurde das Versagen der Polizei auch öffentlich bekannt. Im Winter 1990 sahen drei bewaffnete Polizisten zu, wie Amadeu Antonio in Eberswalde von Nazis so schwer verprügelt wurde, dass er kurze Zeit später verstarb. Auch die tagelangen Ausschreitungen von Rostock-Lichtenhagen und Hoyerswerda hätten gestoppt werden müssen. 1992 erlitt Torsten Lamprecht bei einem Überfall durch Nazis in Magdeburg eine schwere Kopfverletzung, an der der junge Mann kurze Zeit später verstarb. Auch in diesem Fall war die Polizei vor Ort, griff aber nicht ein. Die Erfahrung, dass Nazis in den 90er-Jahren regelmäßig Treffpunkte alternativer Jugendszenen überfielen, führte in antifaschistischen Gruppen vielerorts zu eigener Organisierung und Gegenwehr.

13 Vgl. Steinke, Ronen: *Terror gegen Juden. Wie antisemitische Gewalt erstarkt und der Staat versagt. Eine Anklage.* Berlin 2020.

14 www.nd-aktuell.de/artikel/1105111.duisburg-von-rassismus-wurde-nicht-gesprochen.html

15 Nolte, Ernst: »Vergangenheit, die nicht vergehen will«, in: *Frankfurter Allgemeine Zeitung*, 6. Juni 1986

16 Am 7. Januar 2005 starb Oury Jalloh in einer Polizeizel-

le in Dessau. Er soll seine Matratze selbst angezündet haben – so die auch gerichtlich festgehaltene Version der Polizei. Da Oury Jalloh an Füßen und Beinen gefesselt war, als er verbrannte, können die Aussagen der Polizei nicht der Wahrheit entsprechen. Höhere staatsanwaltschaftliche Instanzen des Landes Sachsen-Anhalt haben eine gerichtliche Neubewertung des Falls verhindert, obwohl die Staatsanwaltschaft Dessau und zivilgesellschaftliche Initiativen eine lange Liste von Indizien gesammelt haben, die die Unhaltbarkeit der polizeilichen Version belegen. Trotz fehlenden Schuldspruchs sprechen zivilgesellschaftliche Aktivist:innen – auch ich – deshalb von Mord.

17 Die kontinuierlichen Auseinandersetzungen mit dem Nationalsozialismus und seinen Folgen haben unterdessen Behörden, Verwaltungen und Ministerien erreicht. So beauftragten Bundesministerien unabhängige Historikerkommissionen, die NS-Geschichte der jeweiligen Häuser beziehungsweise deren Nachgeschichte zu erforschen. Entsprechende Berichte liegen für das Außenministerium (2005), den Inlandsgeheimdienst Bundesamt für Verfassungsschutz (2015), das Bundesjustizministerium (2016) und das Bundesfinanzministerium (2018) vor. Aus dem bisherigen Stand der Forschung kann geschlossen werden, dass nach Kriegsende in keinem Ministerium so viele Nazis arbeiteten wie im Bundesjustizministerium, an dessen Spitze 1957 noch 77 Prozent der leitenden Beamten ehemalige NSDAP-Mitglieder waren.

18 Wie der Historiker Patrice Poutrus gezeigt hat, reicht der politische Reflex, vor rassistischer Gewalt zurückzuweichen und das Asylrecht wegen ihr einzuschrän-

ken, anstatt es zu verteidigen, weit zurück. Im Juli 1980 wurde der gesetzliche Rahmen für die Aufnahme vietnamesischer Geflüchteter geschaffen. Nach einem mörderischen Brandanschlag im August 1980 in Hamburg und daraufffolgender, völkisch argumentierender Opposition der CDU wurden bereits unter Helmut Schmidt 1982 restriktive Änderungen am Asylverfahrensgesetz vorgenommen. Dieses erprobte Muster wurde von der CDU vor und während der Bundestagswahl 1990 wieder angewandt, also noch vor den Pogromen von Hoyerswerda im September 1991 und Lichtenhagen im August 1992. Es war absehbar, dass die große Einschränkung des Grundrechts auf Asyl durch die Grundgesetzänderung am 26. Mai 1993 nazistische Gewalt nicht eindämmen würde. (Siehe Poutrus, Patrice: *Umkämpftes Asyl. Vom Nachkriegsdeutschland bis in die Gegenwart.* Berlin 2019, S. 88–91 und 167–173.)

19 Cantoni, D., Hagemeister, F., Westcott, M.: *Persistence and activation of right-wing political ideology.* 27. Februar 2019, abgerufen am 2. Juli 2021 von rationality-and-competition.de/wp-content/uploads/discussion_paper/143.pdf

20 Corino, Karl: *Außen Marmor, innen Gips. Die Legenden des Stephan Hermlin.* Düsseldorf 1996, S. 10

21 Ebd., S. 9

22 Welzer, Harald, Moller, Sabine, Tschuggnall, Karoline: *Opa war kein Nazi. Nationalsozialismus und Holocaust im Familiengedächtnis.* Frankfurt/Main 2002

23 Institut für interdisziplinäre Konflikt- und Gewaltforschung (Hrsg.): *Memo, Multidimensionaler Erinnerungsmonitor, Studie I 2018*, abgerufen am 10. Juli 2021 von:

www.stiftung-evz.de/fileadmin/user_upload/EVZ_Uploads/Stiftung/Publikationen/EVZ_Studie_MEMO_1_2018_dt.pdf

24 Friedrich-Ebert-Stiftung (Hrsg.): *Fragile Mitte – Feindselige Zustände. Rechtsextreme Einstellungen in Deutschland 2014*. Bonn 2014, S. 70; abgerufen am 10. 7. 2021 von www.fes.de/index.php?eID=dumpFile&t=f&f=40929&token=719ef66b0d41a85cb3f28903fe70d9b6d31cc3be

25 Vgl. Welzer et al., *Opa war kein Nazi*, u. a. S. 11 und S. 54.

26 Börsenverein des Deutschen Buchhandels (Hrsg.): *Friedenspreis des deutschen Buchhandels 1998, Martin Walser. Ansprachen aus Anlass der Verleihung*. Frankfurt/Main 1998

27 Bubis, Ignatz, Korn, Salomon, Schirrmacher, Frank, Walser, Martin: »Wir brauchen eine neue Sprache der Erinnerung«, in: Schirrmacher, Frank (Hrsg.): *Die Walser-Bubis-Debatte*. Frankfurt / Main 1999, S. 452

28 Corino, Karl, Abendkommentar, hr 1, 30. November 1998, 19:05 Uhr, in: Schirrmacher, *Die Walser-Bubis-Debatte*, S. 289

29 Auerbach, T., Kowalczuk, I.-S.: *MFS-Lexikon, Zersetzung*, abgerufen am 2. Juli 2021 von www.stasi-unterlagen-archiv.de/mfs-lexikon/detail/zersetzung

30 Abschnitt I, § 2 des Gesetzes über die Teilnahme der Jugend der Deutschen Demokratischen Republik an der Gestaltung der entwickelten sozialistischen Gesellschaft und über ihre allseitige Förderung in der Deutschen Demokratischen Republik (Jugendgesetz der DDR) vom 28. Januar 1974, abgerufen am 2. Juli 2021 von www.verfassungen.de/ddr/jugendgesetz74.htm

31 Der SDS (Sozialistischer Deutscher Studentenbund) war seit 1946 der Hochschulverband der SPD. Nach Ausschluss aus der SPD 1961 wurde er als unabhängiger Verband zu einer zentralen Struktur der APO (außerparlamentarische Opposition). Er hatte großen Einfluss auf die Studentenbewegung von 1968 und brachte Persönlichkeiten wie Rudi Dutschke oder Dieter Kunzelmann hervor. Im Frühjahr 1970 löste sich der SDS auf; zum Teil drifteten Mitglieder in linksterroristische Gruppen ab, zum Teil traten sie den »Marsch durch die Institutionen« (Rudi Dutschke) an.

32 Der marxistische Amerikaner Noel Field hatte im Krieg für das USC (Unitarian Service Committee) gearbeitet und mit aus den USA stammenden Geldern jüdischen Flüchtlingen in Frankreich geholfen. Field hatte dabei eng mit kommunistischen Gruppierungen kooperiert. Ab 1949 wurde er von sowjetischen Geheimdiensten verfolgt und schließlich verhaftet. Unter schwerer Folter sagte er aus, für die USA spioniert zu haben. Allein der Verdacht, mit Field im Kontakt gestanden zu haben, reichte in den folgenden Jahren als Rechtfertigung für Verfolgung und Überwachung aus. Dies betraf in der DDR insbesondere, aber nicht ausschließlich, ehemalige Westemigrant:innen. In der DDR kam es nicht zu Hinrichtungen, wohl aber zu Schauprozessen, Überwachung und Haftstrafen.

33 Amadeu Antonio Stiftung (Hrsg.): *Das hat's bei uns nicht gegeben. Antisemitismus in der DDR. Das Buch zur Ausstellung der Amadeu Antonio Stiftung.* Berlin 2010, S. 75–78

34 Für eine aufschlussreiche Übersicht zu dieser Thematik s. Lillteicher, J.: *Die Rückerstattung jüdischen Eigen-*

tums in Westdeutschland nach dem Zweiten Weltkrieg. Eine Studie über Verfolgungserfahrung, Rechtsstaatlichkeit und Vergangenheitspolitik 1945–1971. Dissertation an der Albert-Ludwigs-Universität Freiburg i. Br. 2002, abgerufen am 2. Juli 2021 von freidok.uni-freiburg.de/fedora/objects/freidok:2183/datastreams/FILE1/content.

35 Schwarz-Friesel, Monika: »Explizite und implizite Formen des Verbal-Antisemitismus in aktuellen Texten der regionalen und überregionalen Presse (2002–2010) und ihr Einfluss auf den alltäglichen Sprachgebrauch«, in: Nagel, M., Zimmermann, M. (Hrsg.): *Judenfeindschaft und Antisemitismus in der deutschen Presse über fünf Jahrhunderte. Erscheinungsformen, Rezeption, Debatte und Gegenwehr. Bd. 2.* Bremen 2013, S. 993–1008

36 S. Herf, Jeffrey: *Unerklärte Kriege gegen Israel, die DDR und die westdeutsche radikale Linke, 1967–1989.* Göttingen 2019